JN095940

今こそ教育！

地域と協働する教員養成

岡本正志

編著

ミネルヴァ書房

歴史上もっとも有名な大学中退者を知っていますか
——はしがき——

　弘法大師空海は，幼少より秀才の誉れ高く，朝廷で活躍してもらいたいという一族の期待を担って京都の大学に入学いたしました。しかし，博覧強記を謳われた大師をもってしても，儒教・道教・仏教の膨大な経典群の前でたじろぐばかりでした。この時ある僧侶から「虚空蔵菩薩の真言を100万回唱えたら，一度読んだ経典を二度と忘れない記憶力を得ることができる（虚空蔵求聞持法）」と聞かされ，四国の山野を廻ってこの修行に打ち込みました。突然，瞑想中に，暁の明星が光を増し，世界が光明に包まれ，自分の発する真言が谷々に谺し，宇宙が自らの言葉で満たされるという体験をしました。当初は記憶力増進という世俗的目的のために始めた行でしたが，辿り着いた結果は想像を超える宗教的悟りでした。

　ここで，大師は決然として，大学を中退し，官吏になる道を捨て，僧侶になる道を選びとったのです。当時，僧侶は国家資格で，勝手に得度剃髪して僧となる（私度僧といいます）ことを厳禁しておりました。大師は，国禁のこの私度僧の群れに身を投じたのです。家族の驚き，落胆は如何ばかりであったでしょう。今風に言えば，東大法学部一番の秀才が，大学を退学して新興宗教団体に入信したようなものです。大師こそは，史上最も有名な大学中退者です。

　しかし，当時の日本には，先の神秘体験を正しく説明できる僧侶はいませんでした。そこで，この体験を認めてくれる師を求めて遣唐使の一員に加えてもらいました。中国では新しい仏教の宗派である密教が全盛期で，最も高名な僧侶，青龍寺の恵果阿闍梨に面会を許されました。恵果阿闍梨は一瞥の元に，異国から来たこの無名の僧が，自分と同じ高さの悟りに達していることを見抜き，自らの後継者とし，密教のすべてを託しました。留学期間は20年と定められていましたが，早く母国に帰り日本に密教を弘めよという師の遺命に従い，もは

や学ぶべきものは無いことを悟り，禁を破り2年で帰国いたしました。時に大師33歳でした。

　その後，八面六臂の活躍をくりひろげながら，44歳で弟子達の修行の場として高野山を賜りたいと朝廷に申し出て，許され，50歳で京都の東寺を密教の専門学問所として給与されました。55歳，未だ，高野山も東寺も完成の途上にあったにもかかわらず，新たに私立学校「綜芸種智院」の建設を表明しました。この学校は身分の差なく入学でき，仏教以外の学問も身につけることができるというものでした。

　大師の生涯を振り返った時，後継者の育成と，密教の研究，宣布，そして教育機関の創設が大きな目的であったことが知られます。現在の高野山大学密教学科は，既に，後継者の育成と，密教の研究に確実な足跡を残してきました。残された大師の最後の目的を実現しようとするのが，この度，開設せんとする教育学科です。

　大師の青春の日々の苦悩に思いを致し，挫折を恐れず，大師の願われた学舎を，共に創っていこうではありませんか。

高野山真言宗宗務総長
高野山学園理事長
高野山大学学長

添田　隆昭

今こそ教育！
——地域と協働する教員養成——

目　次

第Ⅲ部　教科と子どもたちへのまなざし

序　章

高野山大学の挑戦
——地域と協働する教員養成

岡本　正志

1　新型コロナ禍の社会と教育

　2020年は，世界史のなかで記録に残る年になるだろう。2019年末に中国で生じたとされる新しい感染症（新型コロナ）が，あっという間に世界中を巻き込み，1年後の2020年12月には，感染者総数8000万人を超え，死者170万人以上というパンデミックを引き起こした。わが国はこの数年，大きな自然災害に襲われてきた上に，新型コロナ禍も加わり，社会は危機的状況に陥った。以前なら憧れの職場であった企業でさえ倒産の危機に瀕する事態に直面している。

　しかし，たとえどんな状況でも，社会や時代がどんなに変わっても，教育だけはなくすことができない。AI時代が到来して，職場はどう変わるのだろうか，AIに取って代わられて人間の立場がなくなるのではないか，等と議論されるが，取って代わられない職業の一つが教師である。困難な時，苦しい時こそ，教育の役割は大きい。良き教育が行われるなら，人は成長し，世界を見つめ，未来を語る力を獲得する。

　良い教育が行われるか否かは，社会にとっても国家にとっても重要な事柄である。人づくりこそが国の盛衰を分かつものであるから，「教育は国家の要」だと言われてきた。どのような先生がどのような教育を行うのか，こんな時代だからこそ，十分に検討されなければならない。上の言葉は，「教員養成こそ国家の要」だと言い換えて良いだろう。

　今こそ教員養成について再認識し，あるべき姿を検討する必要がある。この章では，高野山大学の教員養成カリキュラムの新しい挑戦を紹介する。

2 新しい教員養成への挑戦

　大学が新しく教員養成を始めようとすると，文部科学省の課程認定を受けなければならない。とくに小学校教員免許を取得しうる課程は，科目や教員について厳しい審査が待っている。それだけ，教員養成は重要であり，いい加減な課程は許されない，ということであるが，一方で，こうした厳しい縛りが，思い切った改革を難しくし，横並びのカリキュラムを生むことになる，ともいえる。審査に合格するためには，文科省の基準に従わねばならず，大学が独自に教員の資質・能力として何が必要なのかを検討し，どのようにしたらそれらを十分に育むことができるのか，と考えて自由に課程を編成することはできない。

　多くの大学で行われている従来のカリキュラムは，教員「養成」カリキュラムというよりも，教員「免許取得」カリキュラムである，と言っても良いだろう。そのカリキュラムで学べば，教員免許はたしかに取得できる。しかし，では教育現場で通用する確かな教員として育っているのか，といえば心もとない。

　筆者は，ある国立の教員養成大学でこうした問題を解決するカリキュラム改革を行いたいと考えたことがあったが，長年にわたって築きあげられてきたものを変えることは簡単ではなく，あきらめざるをえなかった。

　高野山大学が教育学科の設置を計画していて，筆者にその基本構想を設計するように依頼があった時，白紙から作ることができるのなら，教員「養成」にとって最も必要なものを抉り出し，その育成を中心軸に据えたカリキュラムの編成が可能かもしれないと思ったのである。

　現実には，学科設置の申請にあたっては多くの制約があって，思い通りに編成することは難しかったが，考え方の中核的な部分では，かなり思い切ったカリキュラムを作ることができた。詳しくは後述するが，従来の教職科目や教育実習などに加えて，地域のさまざまな団体と連携した体験学習を，カリキュラムの大きな軸に据えたのである。

　小学校や幼稚園・保育所などの教育現場はもちろんだが，教育現場以外のと

ころで体験する時間をとったことが目玉である。イチゴ園や果樹園，観光農園などの農業団体や，里山保全活動を行う NPO，休耕田で稲や麦づくりを行っている NPO，街づくり協議会，森林組合，乗馬クラブ，文化ホールなど，多様な団体の協力・支援をいただくことができた。そこで丸 1 日，朝から夕方まで地域の人々とともに活動する。しかも必修科目である。

　1 年次から教育現場にでかけるプログラムは，多くの教員養成系の大学が取り入れるようになっている。しかし，教育現場以外の地域団体での体験活動を必修科目として学ばせる大学は，教員養成大学としては初めてのケースである。

　文科省の大学設置審議会では，一体どのような内容をどのように行い，大学教育としてのレベルを維持できるのか質問され，活動内容のシラバスの提出を求められた。幸いに，それらが認められて，わが国で初めての画期的な教員「養成」カリキュラムがスタートできることになったのである。

3　フィンランドの教育と教師

　我々の新しいカリキュラムを紹介する前に，わが国とは教育に関する考え方が異なるフィンランドの教育と教師について見ておきたい。

　わが国では，教員養成課程は文科省による基準に基づき，教員の構成からカリキュラム，施設設備に至るまで，厳しい制約が課せられている。教育現場では，学習指導要領において，科目内容，指導方法，学習時間など細かく示されており，教員が教育内容を勝手に変えることは許されない。使用する教科書は，文科省の検定を受けた検定教科書でなくてはならない。教員による裁量の範囲は著しく狭いと言わざるをえない。

　では，OECD 国際学習到達度調査（PISA）において世界 1 位になって注目されたフィンランドではどうだろうか。

　フィンランドが世界的な注目を浴びていた時，筆者は，環境問題の国際会議に出席するためヘルシンキに行く機会をえた。せっかくであるから，教育庁（日本の文部科学省にあたる）を訪問して，フィンランドのエネルギー教育など

の取材を行った（岡本，2008）。

　取材の折に最も印象に残ったのは，フィンランドでは教師はインデペンデントである，という担当者の言葉であった。

　会議の席で，あるパッケージがフィンランドで人気のある良い教材だと紹介された。それをみると，支援団体として私企業の名前が入っていたので，「企業の広告が入っているが，フィンランドでは公教育の場で使用することに問題はないか」と質問したところ，「問題はない。良い教材でなければ教師が使わなくなるだろう。教材の選択はすべて教師が自由に行うことができる。教師はインデペンデントである」と答えられたのである。

　日本では，授業の内容や方法，学習時間にいたるまで学習指導要領で定められており，教師はそれに従って授業をしなければならない。教師がさまざまに工夫することを妨げてはいないが，指導要領を逸脱することは許されていない。これは一定の教育水準を担保する反面，教師の独立性がきわめて小さいともいえる。勝手なことは許されないのである。

　フィンランドでは，教師は，医師や弁護士などのような高度な専門職とみなされており，社会的に尊敬されている職業の一つである。したがって，教育学部も入学が難しい学部の一つであり，かつ，教員になろうとするなら，大学院を出ていなければならない。

　「教師はインデペンデントである」という先の発言は，こうした社会的背景のもとに，教育行政の担当者も，教師の責任による自由な教育活動を尊重していることを示すものである。

　ところでフィンランドでは，PISA2003ですぐれた成績を収めた要因として，以下の事柄が挙げられている（福田，2009）。

①　家庭，性，経済条件，母語に関係なく，教育への機会が平等
②　どの地域でも教育へのアクセスが可能である
③　性による分離を否定している
④　すべての教育が無償

⑤　総合性で，選別をしない基礎教育

⑥　教育行政が支援の立場に立ち柔軟である

⑦　すべての教育段階で互いに影響しあい協働する活動を行う仲間意識

⑧　生徒の学習と福祉に対し個人に合った支援をする

⑨　テストと序列付けをなくし，発達の視点に立った生徒評価をする

⑩　高い専門性をもち，自分の考えで行動する教師

⑪　社会構成主義的な学習概念

　わが国の教育事情と比べて，かなり異なっていることがわかるだろう。②「どの地域でも教育へのアクセスが可能」だとされているが，たしかにフィンランドではどの地域にも学校を存続させ，統廃合などはしていない。小規模学校があちこちにあり，教員が３人などという学校が地域の人々と協力して教育活動を行っているという（福田，2009）。たとえ少子化が進んでも，地域の学校はなくさないのである。⑥の「教育行政が支援の立場に立ち柔軟」だということも羨ましい。前述した教育庁担当者の発言は，それを示している。

　⑨⑩なども注目に値する。⑨「テストと序列付けをなくし，発達の視点に立った生徒評価をする」とさらりと述べられているが，わが国でテストと序列をなくすことが可能だろうか。しかも，これが国際学習到達度調査で上位を占める要因の一つだというのである。

　⑩「高い専門性をもち，自分の考えで行動する教師」は，上述した専門職としての教師像である。高い専門的知識や力量を持つ教師が，自ら教材を工夫し，一人ひとりの子どもたちに向かっている姿が目に浮かぶ。

　⑦の「すべての教育段階で互いに影響しあい協働する活動を行う」という「仲間意識」を成功の要因としていることも興味深い。これは，⑪で「社会構成主義的な学習概念」を挙げていることとも関連する。社会構成主義は，知識を確立されたものとしてではなく，社会的な合意において構成されるものとして相対化する。したがって，学習概念自体も，学習者が，他者との多様な活動を通して，意味を構成していく社会的行為だと捉えている。相対主義的な知識

観をどう捉えるのかについては別として，学習を知識の教授ではなく，共同的
学びと捉えるという意味で，⑦とも関連する学習観である。

　このような教育観，学習観を背景に，フィンランドの教員養成はどのように
行われているのだろうか。

　フィンランドでは，教師になろうと思えば，わが国と同様，大学の教育学部
で学ぶが，教員資格を取得するには大学院を修了することが求められる。

　教科の専門知識は，それぞれ専門学部で学び，教育学部では，以下のように，
教育学を学ぶ教育学科と授業などの実践的な知識・技術を身につける教員養成
学科とに分かれているのが特徴である（福田，2009）。そして，連携する実習校
で20週間以上の教育実習を行うのである。わが国の場合，通常4週間程度の実
習で免許を取得できることを考えると，実践的な経験を強く重視していること
がわかる。

教員養成の学び

　　専門学部　　　　　　　教科担当教師の専門知識

　　教育学部　教育学科　　教育理論（教育行政学，学校管理など）

　　　　　　　教師養成学科　授業理論研究と実践指導

　　　　　　　教育実習校　　教育実習の実施

※教師養成学科の教員は，日常的に，大学と実習校の両方で研究し学生
　の教育を行っている。

※実習　1年生4週間，2年生6週間，3年生4週間（中学実習），4年生
　7週間（5週間は1人で授業，2週間は他の実習生のサポート，2人がペア）

（福田，2009による）

　大学1回生から教育実習を繰り返し，4回生では5週間もの間を1人で授業
する。この最後の実習を学生2人組で行うアイデアは良く考えられている。ピ
アサポートを行うことで，自覚は高まり，相手の支援を通して自らのリフレク

ションになる。こうして，高い専門的知識・技能を持つ教員を養成するわけである。

4　教員の資質能力をめぐって

では，教員養成にとって本当に大切なことは何だろうか。それは，先生にとって必要な資質や能力が何であるかをあきらかにして，それを培うカリキュラムを作りあげることだと言えるだろう。

そのために小学校現場の先生方に，小学校の先生にとって必要な資質や能力，教育活動での悩みについてアンケートを行った。表序‐1と表序‐2はその結果である。

表序‐1からわかるように，「児童の言葉をよく聴き，児童に寄り添う」ことが重要だという答えが圧倒的に多い（78.1パーセント）。教育活動上の悩み（表序‐2）についての質問でも，「授業づくり」（63.9パーセント）に次いで「児童理解」は57.4パーセントと高い。

また56.3パーセントの教師が「教科をしっかり教える力」を重要だと指摘し，悩みにおいては，「授業づくり」が63.9パーセントで第1位になっている。授業についての悩みが高い背景には，教材研究や授業の準備を行う余裕がない教育現場の実情が反映されていると考えてよいだろう。

以下，「相手にわかりやすく伝える」（44.3パーセント），「学び続ける姿勢」（37.7パーセント），「仲間と協力してものごとを進める」（36.6パーセント），「苦しくてもへこたれず最後までやり遂げる」（20.8パーセント）と続く。

教科をわかりやすく教える力は必要なものだが，それ以上に，人間力とでもいうべき能力が求められていることがわかる。当然ながら，このような能力は，大学での講義を受講したからといって簡単に身につくものではない。問題は，こうした資質能力の向上を，教育課程においてどのようにしたら実現できるのかである。

表序-1 「小学校教員に必要な資質能力」と思われるものは何ですか？

項目順位	人数（％）
①児童の言葉をよく聴き，児童に寄り添う	143（78.1）
②教科をしっかり教える力	103（56.3）
③相手にわかりやすく伝える	81（44.3）
④学び続ける姿勢	69（37.7）
⑤仲間と協力してものごとを進める	67（36.6）
⑥苦しくてもへこたれず最後までやり遂げる	38（20.8）
⑦情報活用能力	9（4.9）
⑧ものづくりや飼育栽培活動の指導力	4（2.2）

（出所）「教師の資質・能力に関するアンケート」（2018年5月，大阪府内公立小学校教員183名）より。

表序-2 普段の教育活動での悩みは何ですか？

項目順位	人数（％）
①授業づくり	117（63.9）
②児童理解	105（57.4）
③保護者対応	96（52.5）
④学級づくり	63（34.4）
⑤特別支援教育	49（26.8）
⑥他教員との協力	34（18.6）
⑦学習評価	22（12.0）
⑧地域との協働	16（8.7）

（出所）表序-1と同じ。

5 非認知的能力を育む体験的学び

　中室牧子氏は，誠実さや忍耐強さ，社交性，好奇心の強さなどの非認知的能力の重要性に触れながら，それらは「人から学び，獲得するものである」という米国ヘックマン教授の研究を紹介している（中室，2016，87頁）。またポール・タフも，こうした能力は多様な経験や環境の産物でもあると述べている（タフ，2017，27頁）。

　非認知的能力の重要性は，近年とくに注目されており，学習指導要領の改訂においても，「学びに向かう力」として位置づけられて，今後の教育の中心的課題の一つとなっている。

　前述の教員アンケートで挙げられていた資質能力も非認知的能力である。これらは幼児から老人にいたる多様な人々との交流や，教育関連にとどまらない多彩な体験によって，より効果的に育まれるといってよいだろう。したがって本学のカリキュラムでは，多様な人々と多様に関わることを重要な柱とすることにした。そのため体験的活動をできるだけたくさん導入して，農業体験，森林体験，里山保全活動，地域活性化活動，馬術場体験，ものづくり，文化活動などを，地域の各団体と連携しプログラム化したのである。

　例えば森林組合との連携による体験活動では，森林の間伐から木材加工，木材の競り体験，木工品の製作までを一連のプログラムとして準備した。森と人間との関係性を学び，持続的な環境やエネルギー問題などへの関心を喚起する内容を含みながら，伐採や木工製作での技能修得にいたる学習をプログラム化している。木材の競り市で，自分たちの企画した製品を作るための木材を競り落とす体験では，ホームセンターで加工済みの木材を購入することとはまったく異なる体験を味わう。木材の量と予算の検討が必要となり，計画的に考えなければ目的を達成できないし，大きな木材が驚くほど安い価格で競り落とせることも体験するので，日本の木材産業の実情にも触れることになろう。そうして手に入れた木材で製品を設計し製作する活動を通して，デザイン力や木工技術を修得し，共同でものごとをなし遂げる体験を積むことになる。

　あるいは，乗馬クラブとの連携プログラムでは，馬の世話，厩舎の清掃などの作業から乗馬が可能になるまで30時間のプログラムになっている。馬のような大型動物との触れ合いは，高い教育効果を持つことが良く知られており，子どもたちの生命観に大きな影響を与えて，生命の大切さを強く実感すると報告されている（たとえば若狭，1977）。しかも馬のような大型哺乳動物では，動物の気持ちに寄り添って初めて適切な飼育が可能になり，そうしなければ危険を伴うことにもなる。その一方で，馬の気持ちに寄り添って関わることができれ

ば，まるで心の交流のような素晴らしい体験ができる（中川，2007）。

このようなさまざまな体験学習によって，まったく異なった人々や仕事との触れ合い，そこでのコミュニケーション力の育成や，ものごとを共同して作り上げる経験，困難に打ち勝つ体験などを積み重ねていくことになる。

多くの教員養成系大学でも体験活動は取り入れられているが，それは教員や教育現場に限られた体験であり，教職以外の人々や他の業種と関わる体験は少ない。しかし，多様で多彩な経験こそが，豊かな人間性の基礎となる。

教育現場で求められる資質能力の「相手に寄り添うことができる力」や「困難にぶつかってもやり遂げられる力」，「仲間と協力してものごとを完成させる力」などが，こうして育まれていくはずである。

また地域団体と連携して行う体験活動は，文部科学大臣の諮問「新しい時代の初等中等教育の在り方について」（平成31年4月）においてその重要性が指摘されている。"地域住民とも連携・協力しながらチームとして学校運営を推進していく"ことができる教員の養成の重要性を政府としても認識していることがわかる。

当然ながら，これらの学びは傍観者であっては成り立たず，活動に主体的に関わらざるをえない。その際には，体験に関連する理論的な学びを総動員して工夫し，理解を深めなければならない。本学のプログラムでは事前の準備や，活動途中での振り返り，活動後の展開も一体となってこうした体験活動が運営される。これによって「主体的・対話的で深い学び」が生まれ，「主体的に考える力」も大きく培うことができる。同時に，教育現場で必要な実践的な力や，体験活動に関する知識・技術をも身につけることができるだろう。

6　体験的学びをふんだんに取り入れたカリキュラム編成

こうした体験学習を行うため，他の教員養成系大学にない大胆なカリキュラムを工夫した。

① 原則として，丸1日を地域や学校現場の体験学習にあてる

　ここまで述べてきたようなカリキュラムを実現しようとすれば，体験活動の時間をたっぷりととる必要がある。そのため，1週間のうち1日を「体験の日」として，朝から夕方まで，丸1日を体験学習に充ててしまうという大胆な時間割を採用した。週1日を大学外でのフィールドワークに使うと，卒業に必要な科目の履修に支障があるのではと心配されるかもしれないが，実際には十分に可能である。

　しかし，こうした体験活動を行うためには，専任の教職員だけで対応することは難しい。そこで，「高野山大学特任マイスター」の制度を設けた。

　②　「高野山大学特任マイスター」制度による充実した学生サポート

　「高野山大学特任マイスター」は，学校現場での体験学習や地域での体験学習についてTA（ティーチング・アシスタント）として関わるものである。

　地域には，多様な経験や知識，技能をもっている有能な人材がたくさんおられる。体験学習で連携をする団体の方々もそれぞれの分野のプロであり，長くその分野で仕事をしてきたベテラン職人である。こうした方々をマイスターとして認定し，教育活動に関わっていただくのが本制度の骨子である。例えば農業従事者の方は農業マイスターであり，馬術指導をいただく方は馬術マイスターである。このような仕組みを設けることでプログラムの円滑な運用が可能になり，学生の人間力育成にも大きな影響を与えられるだろう。教育学科案内のパンフには，「この大学で人生の師と出会う」というキーワードを入れた。

　この制度は，退職して時間が十分にあるが，これまでの経験等を活用する場面に出会うことが少ない人にとっても，学生たちに関わり支援できる機会を与えられるので大きな喜びにつながるのではないかと考えられる。大学と地域との新しい連携の一つとなることを期待している。

7　体験的学びと理論的学びの結合

　徹底的に体験学習を行うことは重要だが，体験至上主義を主張するものではない。体験はそれ自体，意義あるものだが，体験だけではその学びを理論化し

たり自らの認識に高めたりすることが不十分になりやすい。体験を理論的学び
と結びつけることで，より豊かなものにできる。あるいは，理論的学びが体験
を通してより深い理解へと導かれる。体験と理論の往還的な学びこそが知的成
長を促す重要で本質的な学びであると言ってよいだろう。

したがって，高野山大学教育学科のカリキュラムでは，体験学習に関わる学
びや考え方，見方が可能になるような科目を「体験サポート科目」として特別
に配置した。

体験的学びには，教育現場における体験と，教育現場以外の地域団体での学
びとが用意されている。いずれも1年次から必修科目として受講しなければな
らない。

教育現場での体験として「学校・保育現場体験1～4」という科目があり，
これによって学校などの教育現場を深く知ることを目指している。この体験的
学びを理論的学びとしてサポートするのは，「教職科目群」である。学校現場
の体験と教職科目の学びとがお互いにフィードバックしあって，学生たちの学
びの質を高めていくように意図している。

地域体験学習でも同様に，体験をサポートする学習が大切である。それが
「体験サポート科目」である（図序‐1）。そこでは，農業や林業，環境問題や
文化，地域活動などの体験学習の基礎となる学びを設定し，地域体験学習とフ
ィードバックしあって学生たちの認識を深めていくように設計している。

例えば，地域体験をなぜ必修科目として設置しているのか，その意義や目的，
非認知的能力と学びとの関連などを理解し，今日の教育課題と絡めて考える授
業として，「地域体験基礎」および「地域体験特論」という科目を置いた。実
際の体験活動に即して学習の意義や目的などを学ぶのである。

また，農業や林業，馬術体験，ものづくり等の基礎となる考え方を学ぶ講義
として「科学技術と社会」や「自然と人間」「植物栽培の基本」などの科目を
配置した。「科学技術と社会」や「自然と人間」では，体験を大きく科学技術
や自然の面から捉える観点を学び，「植物栽培の基本」はより具体的な栽培の
基礎となる学びを用意したものである。

図序 - 1　体験と理論の往還的な学び

体験的学び　　体験サポート科目　　理論的学び

（出所）　筆者作成。

図序 - 2　高野山大学教育学科のカリキュラム構造

人間力・教師力の成長

課題探求科目

教育実習

学校体験　　地域体験

・体験的科目

教職科目　　体験サポート科目

・理論的科目

心理関係科目

・基礎科目

建学の精神　　教養科目　　外国語
基礎ゼミ　　キャリア科目

（出所）　筆者作成。

　文化的な活動に関係する科目としては、「日本文化」「文学」「創作研究」「茶
道」「書学入門（書道）」などの科目を置いた。これらの科目は、教養科目に設
定してもよいが、「体験サポート科目」として設定することで、学生たちが体
験する内容により引き付けて学ぶことができると考えた。いずれも、体験する
内容を基礎付け、体験を振り返ったり深く捉え直したりすることを期待してい

る（図序-2）。

　カリキュラムは全体として，こうした体験活動や理論的学習の積み重ねが教育実習や卒業研究に結実し，人間力・教師力を育むことを目指して編成している。

8　新しいカリキュラムは「本物の教師」を育てる

　こうしたカリキュラムで学んだ学生たちが，教育現場に本物の教師として赴くことを期待している。本物の教師とはどんな教師だろうか。人によって思い描く姿はさまざまである。ある人は，学力をつけられる教師を本物と捉えるかもしれない。ある人は，悩みを持つ子どもによりそい，その声に耳を傾ける教師を本物だというかもしれない。さまざまな教師像があるだろうが，筆者は思う。私たちの学科を卒業した学生は，「笑顔あふれる教室」をつくるだろう。学校は楽しい場所であり，子どもたちは一人残らず，そこに居場所がある。そんな教室をつくるだろう。地域の人々と一緒に，「みんなの学校」をつくるだろう。

　わが国の教育は堅苦しい制約が多く，大学で教員養成課程をつくる際にも大きな制約がある。そうした中で高野山大学は，教員養成としては前例のないカリキュラムに挑戦していることを紹介した。

　世界で最も学力が高いというフィンランドでは，子どもたちの学力競争ではなく，個性に応じた支援という考え方を基本とした教育を行っている。教師は専門家として尊重されインデペンデントな存在として一目置かれている。わが国でもそうであってほしいし，大学における教員養成についても，さまざまな取り組みを大胆に行えるようにならなければならない。

　私たちの新しい取り組みは，これから始まる。スタートしてみれば，失敗や困難に何度もぶつかるに違いない。簡単ではないことはわかっている。しかし，教職員やマイスター，多くの地域の方々と共に乗り越えて進めていけば，必ず実りある結果が現れるだろう。学生たちの笑顔が楽しみである。

引用・参考文献

岡本正志「フィンランドのエネルギー環境教育」『持続可能な社会のためのエネルギー環境教育——欧米の先進事例に学ぶ』国土社，2008年。

タフ，ポール『私たちは子どもに何ができるのか』高山真由美訳，英治出版，2017年。

中川美穂子「小学校における動物飼育活用の教育的効果とあり方と支援システムについて」お茶の水女子大学『子ども発達教育研究センター紀要4』2007年，53-65頁。

中室牧子『学力の経済学』ディスカヴァー・トゥエンティワン，2016年。

広石英紀「ワークショップの学び論——社会構成主義からみた参加型学習の持つ意義」『教育方法学研究』31巻，2005年。

福田誠治『フィンランドは教師の育て方がすごい』亜紀書房，2009年。

若狭蔵之助『生活のある学校』中公新書，1977年。

第Ⅰ部

空海と教育

第1章

空海の思想とその現代的意義

乾　　龍仁

1　弘法大師という諡号のこと

　2020（令和2）年の秋，高野山奥ノ院において，諡号下賜1100年を記念して盛大に法要が行われた。真言宗の開祖である空海（774~835）に対し「弘法大師」という諡号が宣下されたのは，醍醐天皇の921（延喜21）年10月27日であった。それを記念して，法要も10月17日から27日までの11日間にわたって執り行われた。

　わが国における大師号の下賜は，天台宗の最澄（伝教大師）と円仁（慈覚大師）に贈られたのが始まりで，空海が最初ではない。さらにその後にも各宗派の開祖や高僧に贈られてきた。しかし，「大師は弘法に奪われ，太閤は秀吉に奪わる」という諺があるように，大師といえば，空海を指して呼ばれることが多い。これは空海が日本文化史上に与えた功績が大きかったことはもちろんであるが，弘法水をはじめとして，空海にまつわる伝説が日本各地に残され，また「弘法も筆の誤り」や「弘法筆を選ばず」などの諺，さらに「いろは歌」や「五十音図」の作者であるとの伝承を通して，歴史的にも宗派を超えて多くの人々に尊崇され敬愛されてきたことによるであろう。

　しかし，ここで私たちが心得ておくべきことは，「弘法」という大師号が「弘法利生」という言葉に由来するという点である。文字どおり，仏の教えである法を弘めて，衆生を利益し救済するという意味である。すなわち，「弘法（法を弘める）」の目的は実に「利生（衆生を利益する）」にあると言わねばならない。このような，いわゆる利他精神は大乗仏教が強調するところである。大

乗の菩薩道は上求菩提・下化衆生といって，上に向かっては自利のために悟りを求め，下に向かっては利他のために衆生を導くことを目ざし，自利は最終的には利他によって完成すると考える。空海が平安初期に唐より伝えた密教も大乗仏教の一種で，晩年高野山で営まれた万灯万華会の願文の中に「虚空尽き，衆生尽き，涅槃尽きなば，わが願いも尽きん」（『性霊集』巻八）という有名な言葉を残された。この世に迷える人たちがいる限り，かれらを救済せんとの私の思いは尽きることがないであろう，と。ここに弘法利生の原意をくみ取るべきであろう。

　高野山にある本学は令和3年に創立135周年を迎える。この記念すべき節目の年に教育学科設置の認可を受け，河内長野市で新しい一歩を踏み出すことになった。「物の興廃は必ず人に由る。人の昇沈は定めて道に在り」というのは「綜芸種智院の式并に序」（『性霊集』巻十）に見える有名な一節である。大師はこの中で「綜芸種智」という総合的な教育による人材育成の必要性を説かれた。この新しい一歩を踏み出すにあたって，本学の建学精神となっている弘法大師空海の思想について振り返り，その現代的な意義について検討したいと思う。

2　空海の青年時代にみる思想遍歴

　湯川秀樹博士といえば，誰もが知っている日本人初のノーベル賞（物理学賞）受賞者である。湯川博士の受賞は占領下の1949（昭和24）年にあって，自信を失っていた日本国民にとっても大きな朗報となり，戦後の復興に大きな力を与えた。

　その博士の著書に『天才の世界』（小学館）という正篇・続篇・続々篇の全三冊からなる対談集がある。博士によると，人はだれでも創造性を発現する可能性をもっているが，天才というのは創造性をもっとも目立つ形で顕在化できた人たちであるという。対談集では都合11人の歴史上の人物が登場する。その正篇の最初に採り上げられているのが弘法大師である。それだけ大師に対する博

士の関心と評価が高かったということであるが，とくに博士が興味をもたれたのは，レオナルド・ダヴィンチにもまさる多芸型の万能の天才という点にあった。

すなわち，大師は正統な密教を唐より請来して弘めた偉大な宗教家で，『即身成仏義』（一巻）や『秘密漫荼羅十住心論』（十巻）等の論書を著して密教の理論化を成し遂げた世界的な思想家であるばかりでなく，建築家として東寺や高野山の伽藍を建立し，仏教芸術家としてそれらの主要堂宇の仏像や仏画もデザインされた。また能書家として中国で五筆和尚と称えられ，飛白体や雑体書，梵字までも自由自在に書き表すとともに，『三教指帰』（三巻）という本邦最古の戯曲や，『文鏡秘府論』（六巻）という現代中国で研究の絶えない漢文の文章論，また『篆隷万象名義』（三十巻）という本邦現存最古の字書まで著し，四六駢儷体を用いた漢詩文の作者としても文学的才能を発揮された。その上に東寺や高野山で弟子を育成する一方で，教育者として庶民に門戸を開いた綜芸種智院を創設し，さらに土木工事の指揮者として満濃池の修築にも手腕を発揮された。このように，大師はさまざまな分野で第一人者としての業績を残されたのであるが，これらを一人の人間が六十年余りの生涯の中で成し遂げたことを考えると，実に驚嘆に値すると言ってよい。

ところで，このような多芸型ともいうべき特質は，実は大師の青年時代における思想遍歴の中にも窺うことができる。それについて述べる前に，大師の出自と仏道に入るまでの過程を簡単に振り返っておこう。

大師は774（宝亀5）年6月15日に讃岐国多度郡にお生まれになった。誕生地は現在の香川県の善通寺がその跡であると言われる。讃岐の地方官僚であった佐伯直の家に生まれ，幼名を真魚といった。父親は佐伯直田君といい，母親は阿刀氏の女である。『三教指帰』上巻の序文によると，15歳のときに母方の伯父である阿刀大足に就いて学問を修め，18歳のときに都の大学に進まれた。大学に入学して間もないころ，一人の沙門から虚空蔵求聞持法を授けられ，阿波の大滝岳や土佐の室戸岬において修行に励まれたという。このとき修行の効果があって，悟りの自覚を得られたらしく，「谷響きを惜しまず，明星来影

す」と記されている。その結果，大師は世俗の栄達よりも山林での修行生活をますます希われるようになった。これに関して，50歳のときの「小僧都を辞する表」には「空海，弱冠より知命に及ぶまで，山藪を宅とし，禅黙を心とす」（『性霊集』巻四）と振り返られているので，大師が官吏への道を放棄して仏道に入られたのは，大学入学後の二十歳のころであったようである。

　その後，797（延暦16）年24歳のときに『三教指帰』を著される。これが大師の処女作であるが，これに青年時代の思想遍歴を窺うことができる。なお同本には同じ日付の草稿本ともいわれる『聾瞽指帰』がある。近年の研究では，大師が空白の七年を経て，31歳のときに唐の都長安に留学され，帰国後のある時期に『聾瞽指帰』の序文と巻末の十韻の詩を書き直して『三教指帰』と改題したのではないかといわれている。また『聾瞽指帰』が一巻であるのに対し，『三教指帰』では三巻に分けられているが，本文そのものはほとんど変わりがない。注目されるのは，前の求聞持法の体験談が『三教指帰』で明らかにされたことである。さらに序文および巻末の十韻の詩が，『聾瞽指帰』では仏教の優位性を強調する三教不斉論の立場で書かれているのに対し，『三教指帰』では儒教・道教の価値もそれ相当に認める三教融和論によってまとめられている違いがある。

　内容は三幕物の戯曲形式で構成され，儒教・道教・仏教という当時の三大思想を比較しながら，仏道を志す理由を述べる。登場人物は，館の主人である兎角公，その甥で不良青年の蛭牙公子，儒教の亀毛先生（『聾瞽指帰』では鼈毛先生），道教の虚亡隠士，仏教の仮名乞児の五人である。なお兎角・蛭牙・亀毛も架空の存在を喩えたものである。

　舞台は兎角公の館で，そこに招かれた儒者の亀毛先生が，蛭牙公子の遊蕩に対して，儒教によって諄々と教え諭す場面からはじまる。結果，公子も改心するが，次に愚を装って聞いていた年老いた虚亡隠士が，世間での栄達を優先する儒教を批判し，道教によって現世を超越した不老長生の自由な生き方を教える。最後に，托鉢途中に館へ立ち寄った青年僧の仮名乞児が，二教にまさる仏教の深淵な教えを説いて大団円となる。要するに，儒教は身を立て道を行っ

て家名を顕すことを究極とし，また道教は世俗を離れて無欲恬淡にその天性を全うすることを理想とするが，それら二教はいずれも一時的な俗塵の微風や単なる神仙の小術に過ぎなく，仏教に依らなければ六道輪廻という生死の苦海から脱することはできないとして，仏教のすぐれたる所以を仮名乞児が披露するのである。この仮名乞児に若き空海の自画像が投影されていることはいうまでもない。

このようなことから，『三教指帰』は大師の出家宣言書であるとともに，わが国最初の比較思想論として注目されてきた。しかし，ここで注目しなければならないのは，三教の中で仏教の優位性を認めるものの，儒教や道教にもそれ相当の価値を認め，決して排除しない点である。すなわち『三教指帰』序文には，大師の出家に反対する意見への反論として，次のように書かれている。今は現代語訳によって示す。

　　ところが，一人の親戚と多くの友人知己がいて，私の出家への意志に対し，儒教の五常によってそれを押しとどめようとし，また忠孝に背くと言って反対した。私が思うに，空を飛ぶ鳥と水中を泳ぐ魚とでは，その性格も異なるように，聖人の人を導く教えにもおよそ三種類がある。いわゆる仏教と道教と儒教である。教えに浅い深いの差はあるとはいえ，いずれも聖人の教えである。したがって，そのうちのどれかの教えの網に掛かれば，聖人の説に従うという意味で忠孝に背くということはない。

このように，仏教がもっともすぐれているので，大師は出家への意思を表明したのであるけれども，儒教や道教も同じく聖人の教えであり，三教には浅い教えか，深い教えかの違いがあるに過ぎないと，三教融和論を展開している。また巻末の十韻の詩も，同様の趣旨で，次のように書かれている。

　　日月の光が暗闇を照らすように，三大宗教は人々の無知を取り除く。人々の素質や欲求は多種であるから，すぐれた医者の治療法も異なる。孔子の説

いた人間の守るべき道徳を学べば，大臣にもなれる。また老子が教えた陰陽の変化を授かれば，道教の楼観にも登れる。しかし，仏陀の説いた一乗の教え（大乗仏教）が意義と利益がもっとも深く，自己と他者のすべてを救済し，しかも鳥や獣にも慈しみを忘れない。

　大師は当時の代表的な儒教・道教・仏教を採り上げ，それらを比較して仏教のすぐれた点を指摘している。それは大乗仏教が自己のためだけでなく，他者をも救済せんとするところに教えの深さが認められ，しかもその救済への思いは鳥や獣などすべての生きとし生けるものにまで及ぶという。なお，仏教の思想はインドにおける輪廻思想を前提に成立しているので，鳥や獣もわが身とまったく無縁の存在とは考えない。『三教指帰』にも仮名乞児が自身の出自を語る中に「餓鬼・禽獣は皆これ，われと汝とが父母，妻孥たり」とあるように，生ある者は生死をくり返すので，餓鬼・禽獣といっても，遠い過去を振り返れば，かつての父母であったり妻子であったりするのだというのである。

　それはさておき，大師は仏教のみが正しく，ほかのものは誤りであるというようなことは言わない。儒教や道教もそれぞれ有効な教えであるとして，それ相当の価値を認めるのである。こうした諸思想を包摂する懐の大きさが大師の思想上の特色でもあるが，これは大師の多芸型ともいうべき特質と関係しているように思える。さらにいえば，こうした大師の特色は，単に思想に限定した場合だけでなく，才能を発揮した他の分野でも窺うことができる。とりわけ，書道の場合が顕著に認められ，さまざまな書体や筆法を学び，それを自在に表現することで，森羅万象を映し出す書の多様性や可能性を広げている点が，まことに興味深い。

3　弘法大師の綜合思想

　大師の青年時代における思想遍歴に見られる包摂性は，生涯の晩年に至って著された十住心の体系に受け継がれている。というよりも，ここに至って，大

師の思想に見える包摂性がより完成されたものとなったと言ってよい。

　大師晩年の830（天長7）年，各宗に対して宗義書の提出が命ぜられた。この
とき，南都仏教の法相宗・三論宗・律宗・華厳宗の四宗に，平安仏教の天台宗
と真言宗を加えた六宗から宗義書が提出され，これを「天長の六本宗書」と呼
んでいる。大師はこのとき，『秘密漫荼羅十住心論』（十巻），またその略論で
ある『秘蔵宝鑰』（三巻）を著された。この中で大師は，『大日経』の心品転昇
の思想を参考に，人間の精神のあり方を段階的に分類し，それを悟りにいたる
心の深化過程として十段階に再構成されている。すなわち，本能的欲求によっ
て快楽を追い求める段階から，道徳心・宗教心に目ざめて，仏教にたどり着き，
小乗・大乗を経て，ついに密教にいたる過程を十段階に分け，それらに当時の
諸思想や仏教諸宗派の教理を位置づけられた。図に示すと次のようになる。

第一　異生羝羊住心　……　一向行悪行　　┐
第二　愚童持斉住心　……　人　乗　　　　├　世間道
第三　嬰童無畏住心　……　天　乗　　　　┘
第四　唯蘊無我住心　……　声聞乗　　　　┐
第五　抜業因種住心　……　縁覚乗　　　　┴　小　乗
　　　　　　　　　　　　　　　　　　　　　　　　　┐
第六　他縁大乗住心　……　法相宗　　　　┐　　　　│　顕教
第七　覚心不生住心　……　三論宗　　　　┴　権大乗　│
第八　如実一道住心　……　天台宗　　　　┐　　　　│
第九　極無自性住心　……　華厳宗　　　　┴　実大乗　┘
第十　秘密荘厳住心　……　真言宗　　　─　秘密仏乗　─　密教

　上記の十の住心のうち，第一から第三までの三住心は仏教以前の世間心の段
階である。第一の異生とは凡夫のことで，無知で迷える者をいう。羝羊は牡
羊のことで，煩悩のままに生きる倫理以前の段階（三悪道）を喩えている。第
二の愚童も凡夫のことで，まだ宗教の理想を知らないので子供に喩えている。
持斉は食生活をつつましくすることで，人間としての倫理観に目ざめ，人間関

係における社会意識が生じる段階（人乗）をいう。儒教などが相当する。第三の嬰童は幼児のことで，無畏は幼児が母親の胸に抱かれたときの一次的な心の安らかさをいう。バラモン教の生天説や道教の不老不死の神仙思想が当てはまり，永遠の生命へのあこがれをもつ宗教的な自覚が生れる段階（天乗）である。いわゆる天国や浄土へのあこがれも，これと同じ性質のものである。

　第四から仏教の出世間心の段階となる。唯蘊無我というのは，実在するのは五蘊（色受想行識という物と心の要素）だけであるとして，実体的な自我の観念を否定することをいう。このように考えて，我に対する執着を離れ，無我を実践するのが仏教の第一歩となる。声聞の教え（声聞乗）に相当する。第五の業因の種を抜くというのは，人間の存在のあり方を観察して，生老病死という苦が生じる原因を追い求め，それがわれわれの根源的な無知（無明）に由来することを悟り，それを取り除く段階で，縁覚の教え（縁覚乗）がこれに当たる。縁覚は十二因縁や自然の変化を観じてひとりで悟りを開く人のことで，自我の観念だけでなく，すべての存在の実体性を認めない点で，声聞よりも進んだ段階にあるとされる。しかし，声聞や縁覚は自己の救済（自利）のみを目ざす点から，小乗という低い段階にあるとされる。

　これに対し，第六の他縁というのは，すべての生きとし生けるもの（衆生）を思いやることで，ここから慈悲心をもって広く彼らを導く（利他）大乗の段階となる。『維摩経』に「衆生，病むがゆえに，われまた病む」というのが，大乗の精神を端的に表明している。自己のみならず一切の存在に対する固定的な認識から生ずる執われを離れて，衆生を利益して悟りに導く教えで，法相宗（唯識）に当てられている。唯識思想では，一切の現象は心によって現らし出されたもので，心を離れて別に存在するのではないと考える。いわば心の実在を主張して，対象の非実在性を説くわけである。これに対し，第七の心の不生を覚るというのは，心も本来清らかで絶対空であると，認識主体の心の実在も徹底して空じ去る教えで，三論宗（中観）に当てられている。慈悲の実践においては，いかなるものにも執われがあってはならず，すべての対立概念や分別的認識から離れなければならない。空はそのような認識を滅して，迷妄を

断ち切る教えといえよう。

　しかし、これら第六と第七では、それぞれの境地が否定の空理によって説かれるところから、まだ権大乗（大乗に準ずる教え）の段階に過ぎないとする。これに対し、第八の天台宗と第九の華厳宗の教えは、世界を肯定的に捉える視点をもつことから、大師はそれらを実大乗と見なし一段高く評価する。第八の一道は仏一乗のことで、仏陀の説いた唯一絶対の教えという意味である。この教えによってすべての人びとがよく悟りの世界に導かれることをいう。天台では、否定の空理によって説かれてきた真理の世界を空・仮・中という三諦の思想によって表現する。すべての存在は因縁によって生じたもので、それ自体に実体が認められるのではなく（空）、五蘊が仮に和合して一時的に存在しているに過ぎない（これを仮有という。仮は仮有の意味）。しかし、有にして空、空にして有であるから中であるという（中は中道の意味）。これを真空妙有ともいう。このようにして真理の内容を単に否定的な表現に終始するのではなく、肯定的に説くところに実大乗の面目があるといえよう。一方、第九の華厳においても、因縁の和合によって生じたこの世のすべてのものは本質的に無自性で空であると考えるものの、それらは孤立し、固定し、独存しているのはなく、いわば一即一切、一切即一の関係にあるとして、すべてのものが無限のネットワークによって融通無礙に結びついていると捉える。中国ではこれを重重無尽と表現し、遡ればインドにおいてこれを帝釈天の珠網（インドラジャーラ）に喩えられ、またサマヴァサラナ（互相渉入）といった。すべてのものは互いに包摂し合っていて、差別相そのままに大きな調和の中に存在するという。

　第十の秘密荘厳住心は、このような華厳思想を前提としている。しかし、華厳でさえ観念的な段階に留まっているとして、悟りを身をもって体験する密教の境地が究極の段階として説かれている。密教では、太古からの宇宙的な生命の営み（森羅万象）を、物心一如の洋々たる法身・大日如来の仏の世界として捉える。それが宇宙の真相である融通無礙なる曼荼羅世界である。その荘厳な曼荼羅世界は、また衆生一人ひとりの心の内部に見出されるものであるが、この住心にいたって始めて開示されるものなので秘密といい、秘密荘厳心とい

うのである。密教はこの曼荼羅世界を象徴的に修行者自身の身業（身体活動）・
口業（言語活動）・意業（精神活動）の三業に投影させて，諸仏の身口意の三密
を感得させるのである。この修行法を三密行または三密瑜伽行と呼んでいる。

　大師はこのように心の種々相を十の住心に分類して，わたしたち一人ひとり
が体験しうる精神の向上過程として示された。それと同時にそこにあらゆる宗
教・哲学を包含して位置づけられ，とくに第六から第九までの住心には，当時
すでに展開していた法相・三論・天台・華厳という四家大乗を配当された。

　また『十住心論』では，第六から第九までの住心は，それぞれ弥勒菩薩，文
殊菩薩，観自在菩薩，普賢菩薩の心の境地（三摩地門）を示すものと解釈を示
されている。文字どおり，これらは曼荼羅を形成する菩薩たちであり，第十住
心が曼荼羅の中尊である大日如来の境地を示す。すなわち各住心自体がわたし
たちの気づかない秘密曼荼羅の世界でもあったのである。第十住心の密教から
見れば，前九住心も大日如来の境地の顕現と認められ，密教の世界に包摂され
るということである。

　大師は密教以外の教えを顕教と呼ばれ，密教の深い教えに比べればまだ教
えが浅いと評価されるが，その一方で，それらの顕教の価値も認めて，すべて
密教に含めて考える視点も示されている。このように，さまざまな差別相のま
まに対立を超えて，最終的に集約する総合性・包摂性こそが，大師の思想の真
骨頂であるといえよう。

4　弘法大師と現代

　大師は青年時代に三教の比較思想論を書かれて，晩年にはそれを十住心論と
いう形に体系化された。そこに一貫しているのは，多様性をそのままに認めて
統一する総合性・包摂性であり，寛容性であった。確かに大師は，密教こそが
すぐれているとして，他の諸思想と区別された。しかし，それらも，『三教指
帰』の言葉を借りれば，いずれも聖人の教えであり，人を導いてくれる教えな
のである。

　人間にとって現実をどう生きるかが重要であり，現実は多様な世界である。そのような多様性を認めて生かす総合的な視点と寛容性こそ，現在において求められているのではないかと，私は思う。かつて関東大震災のときの東京市長であった永田秀次郎翁も，大師の名は「天空海闊」という言葉に由来し，その名のとおり「空は高くして鳥の飛ぶに任せ，海は広くして魚の躍るに任す」ような広々とした考えをお持ちであったと思う，と述べられている。翁はこれを「空海主義」と呼ばれた（『私の観たる弘法大師』高野山時報社他）。

　本学の教育学科でも，このような気宇壮大ともいうべき大師の教えに基づいて，「すべての生きとし生けるものは互いに包摂し合って生きている」という密教の調和と共生の精神を涵養し，且つ多様な知識と経験を学べる環境を提供して，学生一人ひとりが自己と他者の個性と能力を評価することのできる人材育成に努めたいと思う。

参考文献

高神覚昇『密教概論』（改訂増補）大法輪閣，1989年。

高木訷元『空海――還源への歩み』春秋社，2019年。

堀内寛仁『弘法大師の出家宣言書』高野山大学出版部，1976年。

松長有慶『訳注 秘蔵宝鑰』春秋社，2018年。

宮坂宥勝『人間の種々相――秘蔵宝鑰』（ちくま学芸文庫）筑摩書房，1994年。

渡辺照宏『南無大師遍照金剛――弘法大師の生涯』大本山成田山新勝寺，1976年。

第2章

教育者空海
――民衆教育の創始者の教育思想

山田　正行

　空海は「弘法大師」と呼ばれている。「弘法」は法を弘（＝広）めることで，法は仏法のみならず，当時は普遍的な法則を意味していた。しかも，空海は綜芸種智院の創設などでさまざまな世俗の知識，教養，技術も教え弘めた。ただし，中村（1989，9頁，42頁）は仏教の日本での展開を「現世主義」と捉え，それは「発展」というより「退化とみなしたほうがよいかもしれない」と論じ，この特質が空海においても「明瞭に表明されている」と述べるが，それより，むしろ鈴木（1959/72，215-225頁）が山上憶良の貧窮問答歌を引き，目の前の状況を改善する「民本主義」の思想を日本仏教の中に見出していることに注目すべきである。「現世主義」は都から高野山への志向に合わない。故に「発展」と「退化」が錯綜する状況において民衆の現実と正対した「民本主義」を，空海の思想として捉えるべきである。

　この観点から，空海の教育思想を西洋（空間）や古代・近代（時間）の異なるそれと比較考察し，その意義の普遍性を論じる。

1　形成と教育

　空海は中世に生きた。その時代の教育を捉えるためには，教育を学校に限定せず，社会で営まれているさまざまな教育という広義の社会教育まで考えねばならない。さらに定まった形態ではないが影響を及ぼし人格の発達を促進する「形成」の考え方も重要である。偉大なる存在はその生き方で多くの人々を啓発するからである。つまり目的意識的で定型的な教育のみならず自然発生的で

非定型的な形成も視角に収めて空海の教育思想を考察する。

　これは西田幾多郎や三木清のゲネシス（生成）とポイエシス（制作）の弁証法を承けた宮原誠一の形成と教育の本質論に拠っている（宮原，1949a；1949b；山田，2007；2018等）。さらに宮原教育学には「最も実践的な末端」の鍵概念があり，これは民衆教育の考察で重要である。

　これらを以て821年の讃岐の満濃池の修築を評価することができる。アーチ型堤防など当時の最新工法が用いられたが，現場の一人一人は担当する作業を確実に理解し，実行した。「蟻の一穴」のたとえのとおり，少しでも不十分な箇所があれば，そこから堤は崩れる。働く民は土木技術のみならず水利の知識や作業の組織化も学習したと考えられる。無論，空海が一々教えたのではなく，その存在に励まされて各々が自発的に教えあい学びあい，全体として形成を促したということである。そして，これを通して各個人が発達し，地域社会が発展した。

2　自己教育としての社会教育——生き方を通した啓発

　碓井正久は宮原を論じて「人の自己教育は，この世に生きぬいていこうとする，かれの生きかたにかかわる。そのような自己教育を本旨とする社会教育について，深く論じようとすれば，論者は，まずみずからの生きかたを直視せざるをえないであろうし，深く底に秘めて成り立っていく」と概括した（碓井，1979/83，281頁，傍点筆者）。これは自己教育としての社会教育というべき立場であり，社会において教える者が自己の生き方を追究することを通して，教えられる者も自己の生き方を追究するという関係性を目指している。自己個人のそれぞれの発達が，その集合である社会の発展に連動しているのである。

　中野は空海を「人間の教育者」と規定しており（1972a；1982も参照），本章でもこれを踏まえて空海の生き方，自己教育，社会教育の関連について述べていく。当時，学校教育は未発達で宮原のいう「原形態」としての社会教育が一般的であった。中国の律令制や儒教を軸にした科挙に倣い都に大学（寮），地方

に国学が設置されていたが，これは官吏養成機関であった。公家では7歳前後に読書・書写（手習い）が始まり，親など年長者が指導し，また寺に預けた。有力者は家庭教師を招き，それが家塾・私塾になる時もあった。だがこのような教育を受けられたのは，社会全体ではきわめて少数だった。

　一方，当時の民衆教育を考えると「いろはうた」が重要になる。これを空海が創作したか否かはともかく，空海の手になると信じられたのはたしかであり，これが民衆の間に広がったところに空海の生き方の影響力がうかがえる（久木・小山田，1984：小松，2009）。また，「いろはうた」が身につけさせるのは識字という実践的能力であることから，空海への信頼・信心が迷信ではないと言える。

　同様の構図は「実語教」でも認められる。この書の撰者について，石川謙と石川松太郎は「弘法説」，「護命説」，「孔子説」の「併立」を論じ，いずれも「確実な歴史的根拠があるわけではない」が，「弘法説」は「近世の中期をこえると，圧倒的な勢力をもつようにな」り，「通説」にまでなったと述べる（久木・小山田，1984，下巻，373-376頁）。

　これらから空海の生き方が民衆に影響し，自発的に学び，社会的な形成が進み，識字率を高めたことがわかる。

3　普遍的な意義として

（1）ユニヴァーサルな位置づけ

　唐朝は七世紀半ばに東西が朝鮮北部から天山山脈，南北がベトナム中部から北モンゴルまで広がり，その周辺も間接的に統治していた。また異文化に対して寛容であり，日本人（＝異民族）の阿倍仲麻呂が高官となり活躍するほどであった（在唐は717～770年）。このような国際色豊かな社会に空海は804～806年に留学した。そこで修行した密教は当時のユニヴァーサルな思潮に位置づけられる。

　儒教，仏教だけでなく，8世紀にシルクロードを通してキリスト教ネストリ

ウス派が唐に伝わり「大秦景教」として流行した。哲学や科学が発展する以前，人間は如何に生きて死ぬか，この世界や宇宙は如何なるものかという死生観，世界観，宇宙観は宗教に求められており，空海はユニヴァーサルな視角でその探究に専心したのである。それは当時の国際標準において引けをとるものではない。たしかに，近代的な概念は用いられていないが，内実は根源的に通底・通用している。

（2）ギリシャ哲学との比較考察

　空海とギリシャ哲学を比較した論考があり，検討する。吉川（1968）は，プラトンの哲人教育論に対して空海は「整然とした段階と理論付けに欠けて」いると評する。「哲学と宗教という立場の相違」のためというが，しかし，中野は「組織をなせる戒律体系の伝承」，「人倫を中心とした道徳」から「帰依…廻向」への展開を，松長は「真理の伝達─密教相承の形式と方法」を，高木は「法海は一味」という「普遍的な宗教文化観」を論じる（中野，1969；松長，1998，300-304頁；高木，2019，124-125頁，136-137頁）。「普遍的な宗教文化」を擁した「体系」や「形式と方法」による「整然とした段階と理論付け」がなされたからこそ，長い歴史を経て現在まで受け継がれてきたのである。ここで吉川の論拠に注意すると，彼が挙げた稲富栄次郎「プラトンの哲人教育論」（『教育科学』第5号，1937年）は，国立国会図書館，国立情報学研究所のCiNii，グーグルなどで検索したが見出すことはできなかった。類似した文献に岩波講座『教育科学』があるが刊行は1931-33年であり，また「号」ではなく「冊」が使われている。念のために第5冊（1932年）とその前後を調べたがやはり見出せない。ただし，確かに稲富にはプラトン研究があり，それに即してより深い考察が求められる。また，吉川は「真言宗僧侶の育成」や「庶民のための綜芸種智院の教育」を積極的に評価しており，それは小論と共通している。

　さらに比較を進めると，プラトン的哲人教育論では「内在的天分を基礎」に20歳まで体操と音楽，30歳まで算数，幾何，天文，和声，35歳まで弁証法を学習して善のイデアを認識し，さらに50歳まで「実務の修練」に努め，これによ

り「真の哲人」になると説かれる。この区分について，それぞれが密接不可分であり，生涯の各発達段階において重点が異なるものと捉え，善のイデアの認識が35歳過ぎになるとしても20歳以前からそれを志向し，また生涯を通して追究しなければならないと考える。これは密教における「真言」の「実践修行は生涯を通じて」なされることに照応する（中野，1972a）。

　次に方法としては，ソクラテスの対話・問答法がある。彼は相手がわかっていないことを明らかにするとともに，自分もわかっていないが，それを知っているという点において，わかっていないことさえ知らない相手とは違うと論じた（無知の知。プラトン，1964，参照）。

　そして，密教では対面の口伝による修行が最重要視される。「面授」，「灌頂」による一対一の「授受」により「真理」が「相承」される（松長，1998，303頁）。これによってこそ真言が伝わるからである。「思考は言語で偽装する」（ウィトゲンシュタイン，2003，39頁）という。偽装に使われる"偽"言を喝破するには，対面が重要である。また，無知の知の自覚に対応しては坐禅による自省・内観がある。

　対話と無知の知／面授と坐禅の比較考察は意義深い。

（3）キリスト教との比較考察

　17世紀，パスカルはキリスト教の観点から時空間の無限を考究し，天動説，地動説を超えた徹底的に相対的な宇宙観，社会観，人間観を提出した（『パンセ』ブランシュヴィック版断章231，232，382）。さらに断章694では「我らがいくつもの熱情・苦悩（passions）に引きずられないならば，一週間も百年も同じである」と，時間の相対性を心理的問題の解決に関連づけ，これは戒律思想に通底する。この理解にはpassionの意味が鍵になる。その意味はいくつもあるが，原文ではpassionsと複数形であり，熱情・苦悩といえる。ただし単数形のpassionにはキリストの受難＝十字架の処刑の意味もある。キリストは衆人の前で虐待され辱められ，身体的心理的に苦しめられるが，これは人間の罪を代わりに負うためであり，それにより信徒は救われる。全能でありながらあえ

て贖罪の苦悩を引き受けるほどの熱情をもってキリストは人間を愛していたことを示す passion は，神の愛（agape）の現れである。これに対して仏教では業と慈悲があり，業と passion／慈悲と agape の比較考察は存在の認識を深める。

さらにパスカルは相対性の考究を進め「混乱の内にいる者は秩序の内にいる者に自然から遠ざかっている」と見なすように「言葉（Le langage）はどの側でも並び立つ」と指摘した上で，「道徳」はどこに「定点」を持つべきかと問題提起した（断章383）。これは相対性の否定ではなく超越と言える。

その8世紀も前，これに比する認識を空海は提出した。「真言」は「相対相関のありようも超出」することを可能にし，これにより「六大」は「現象世界の構成要素という表層的意味から転じて，その奥底に深く秘められている真実在」を示すようになると高木は論じる（2016，202-203頁）。「六大」については後述する。また無量無辺について，仏は質量がなく無限の速度で動く無限に微小な点として無限に遍在し，故に万物に同時に「真実在」すると考えることができる。

そして空海は「即身成仏」として「あるとしあらゆるもの，生きとし生けるものは，すべてが父であり母であり，飛ぶ小虫も蠢く虫けらとても，何一つとして仏の心を具えていないものはない」ことを明らかにした（高木，2019，141頁）。つまり，仏という「定点」から人や虫など「生きとし生けるもの」すべてを徹底的に相対化した。

この次元（境地）において『聖書』「コヘレトの書」1章2節「空の空，空の空，全ては空なり」と『般若心経』の「色即是空空即是色」の比較考察は，やはり存在論にとって深遠である。これに立脚した『パンセ』断章116「全ては一，全ては多」と西田・三木の「一即多，多即一」の弁証法の対比も意義深い。個人と社会でいえばヨーロッパで伝えられ日本にも広がった「一人はみんなのために，みんなは一人のために」は参考になる。

（4）自由と平等を統合する真言の存在論

人間は自由に活動すれば競い合い，優劣が生じ，平等でなくなる。ところが

平等を維持すれば自由が抑えられる。自由と平等は矛盾するが，それを乗り越える思想が「即身成仏」における「六大無礙にして常に瑜伽」，「三等無碍の真言」にある（高木，2016，194-203頁）。六つの「大」は，地・水・火・風，これらが存在する場としての空，その状態を認識する識である。三つの「等」は「心，仏，衆の三平等一味」である。それが「無礙」，「無碍」で妨げがなく，自由で平等になるには「真言」の認識が求められる。

　これは観念論や精神主義ではない。人間が人間らしく生きるためには，自分がどのような世界に存在しているのか，その意味を把握しなければならない。たとえ苦難に見舞われても，それを試練として意味づけることができれば耐えられるものである。「真言」はいかなる事物にも意味を付与できる「まことのコトバ」であり，「悟りの仏の世界」を知らしめる。これにより「迷妄」を断ちて「解脱」し，「無量」で「無限の相即」，「不同にして同なり，不異にして異なり」の境地（＝世界）に到達できる。これをキリスト教における「真理は汝らに自由を得さす」（「ヨハネ福音書」8章32節）と対比すると思想が深まる。

　存在は「コトバ」であるとの認識は「人はパンのみにて生きるのではなく，神の口から出る一つ一つの言葉による」（「申命記」8章3節，「マタイ福音書」4章4節）を援用すれば〝人は真言によりて生きる〟となる。「言葉は血よりも濃い」という哲学・言語学者もいる（クレムペラー，1974，目次と本文の間のエピグラフ）。これはパウロ・フレイレ（1979）の解放の教育としての識字にも通じる。換言すれば，それらを「真言」で捉え直すことができる。

4　綜芸種智院の意義

（1）諸学の総合として

　「真」の探究のためには，自分が確かに「真」に向かっているか否かを絶えず検証しなければならず，さまざまな教説の比較が必要になる。これを空海は青年期から実践した。792年，18歳の時，空海は大学に入った。専攻は明経道であったが，翌年，それに飽き足らず，山林に赴き修行を始めた。官僚になる

ための知識ではなく，自然の中で広い視角から宇宙とは，自己とはと問い続けたと言える。

　24歳で，空海は『三教指帰』を著し，儒教，道教，仏教を比較考察した上で仏教が最も優れていると認識し出家したが，他を捨て去ることはなく，諸教を統合するものとして仏教を位置づけた。当時，諸教の理解が進み，原典に照らして複数の解釈の比較・議論ができるようになり，それに対して『三教指帰』が提出されたのであり，まことに先導的であった。この比較と総合は生涯を貫き，修行をまとめあげるべき晩年に，空海は密教を核心に据えつつ「真俗離れず」で（高木，2016，259頁），世俗の学芸も教える綜芸種智院を開学した。

（2）ユニヴァーシティの構想

　高木（2016，249-260頁）は「空海の教育思想」として「教育の中立性と総合性」を挙げている。彼は「綜芸」が『大日経』，「種智」が『大品般若経』に由来し，「学問も教育も総合的に修め習」えたことから綜芸種智院を「ユニヴァーシティ」と捉える（高木，1972，379-380頁；2019，214-218頁）。

　ヨーロッパ最古の総合大学は11世紀に創生したイタリアのボローニャ大学とされるが，綜芸種智院は2世紀も先駆けていた。たしかに「綜芸種智院の式」（828年，塩入・中野，1972，381-385頁）がどれだけ実現したか検討しなければならず，施設は空海の没後になくなったが，その精神は現在の種智院大学や高野山大学に受け継がれている。

　次に内容を比較すると，ユニヴァーシティではリベラル・アーツ（自由な学芸）が重視されている。これは文法学・修辞学・論理学の「三学（トリウィウム）」，算術・幾何・天文学・音楽の「四科（クワドリウィウム）」から始まり，それを統合する哲学（知の愛を意味するフィロソフィー），真理（＝神の摂理）を考究する神学へと進んだ。ただし算術・幾何などは中世ヨーロッパで停滞し，12世紀になり古代ギリシャやインドの数学をアラブから知る程であった（ローマ数字からアラビア数字への転換は象徴的）。

　「綜芸種智院の式」では九流六芸，十蔵五明，九経，三玄，三史，七略，七

代，文，筆，音，訓，句読，通義などが挙げられ，やはり総合的であった。もとより空海自身の学問への取り組みが総合的であった。空海は仏教と儒教・道教，密教と顕教の比較考察だけでなく，字義，書道・筆法，筆の製作法，詩文，音訓，その意味の歴史に即し文献に基づく解釈，その根幹となる思想・哲学を考究した。満濃池修築では水利，土木技術，作業の組織化，経営管理の力量がうかがえる。そこで用いられた計算法が当時の最高水準であったインド数学であった可能性は一考に値する（ゼロはインドで発明）。

　また，リベラルに比する点は，官僚養成の大学・国学の官学に対する私学という設立形態に認められる。それは官位とこれに伴う名利を求める立身出世のためではないことの現れであり，リベラル・アーツに通じる。なお，官学を一概に否認するのではなく，それと異なる研究・教育機関も並立し，互いに切磋琢磨し，発展するということである。

（3）民衆のために

　「綜芸種智院の式」では「貴賤を論ぜず，貧富を看ず」，「三界は吾が子なり」，「四海は兄弟」と平等が謳われた。先述したように平等と自由が統合されていたが，その自由は自分勝手ではなく，他者の自由も尊重する相互的な自由である。したがって平等も「不同にして同なり，不異にして異なり」のように（高木，2016，202頁），画一化する悪平等ではなく，各人の多様性が尊重されている。

　これは理念に止まらない。「綜芸種智院の式」では「須らく」皆に「飯すべし」と食事まで等しく保障されていた。食は生存の基盤であり，教育の機会均等にとって不可欠である（ここから満濃池修築でも食まで配慮していたと類推できる）。

　そして，鈴木は当時の「文教振興熱の高揚は当時の地方民衆の実情と相俟って」おり「律令制の矛盾激化の中で課役減免を求めて京畿に流入した地方農民や，同じく上京してきた王臣家従者・諸衛舎人の子弟」が「綜芸種智院の受容層」として「想定」されたと論じ，久木はこの見解を「平安初期の政治・社会

状勢についての確かな知見に支えられ」かつ「斬新」であると評価する（久木・小山田，1984，上巻，220-221頁，390-391頁）。まさに「仏乗に駕して共に群生を利せん」と民衆の教育要求に応えたことが論証されている。

（4）綜芸種智院と高野山──総合性と集中性

綜芸種智院は高野山との関係で考えることが求められる。前者は都の中に位置し，後者はそこから離れた山上にある。

高野山は聖地であり，修行の場でもある（松長，2014，122頁；高木，2016，141頁など）。修業には野心，享楽，頹廃が錯綜する都を離れることが必要である。この点で，後に現れた『竹取物語』や『源氏物語』が参考になる。たしかに文学的に昇華されているが，モチーフには虚偽の絡む愛憎があり，人倫や道徳が問われる。

当然，そのような都から離れるべきだが，しかし「真俗離れず」で離れすぎてもいけない。都に綜芸種智院を創設したのはそのためである。我欲に囚われた者には「真言」を伝え難いが，功利的な世俗の学問は導入になり得る。

この微妙な組み合わせは密教と顕教でも認められる。「綜芸種智院の式」で「顕密の二教は僧の意楽（いぎょう）（＝本分）なり」と記されている。

参考までに，パスカルは「数字・符合（Chifre）には二重の意味がある。明らかなのと，そこに意味が隠されているといわれるものと」と記した（『パンセ』断章677，「コリントの信徒への手紙Ⅱ」4章18節も参照）。無限に無限を考究した数学者パスカルのいう「数字」の意味論であり（断章793も参照），「真言」と「顕密」の関係にとって示唆になる。

5　「真」の実践のために──知育と徳育

真の平等や自由を実現するためには，それに相応しい力量を獲得しなければならず，そのためには修行が必要である。徳のない力は暴力になり，力のない徳は無力である。virtue に徳と力が内包されていることを踏まえ，ベーコン的

な知の力に徳の力を加えた総合的な力の育成が必要である。この点で中野（1969）が教育思想を戒律思想と関連づけたことは重要である。

　日本の教育学ではルソーの『エミール』がよく取りあげられるが，これは問われなければならない。たしかに言葉は巧みだが，彼は愛人に生ませた子どもを育てず孤児院に送った。悪徳ならずとも，不徳といわざるを得ない。彼は『人間不平等起原論』の結びで「徳なき名誉」を批判するが，これは彼自身にも向けられる。

　同様にルソーを尊敬したカントの道徳哲学も問われる。その起点は定言命令と称されるように人びとへの命令である。自由や平等が命令されているのであり，ヘーゲルは「矛盾の『巣』」と批判した（1992，下巻429頁）。しかも，カントは『永遠平和のために』で暴力革命や民主独裁を論じた（この点は山田（2018）第二章第二節第二項で考察している）。だからこそ，カントが影響を及ぼしたフランス革命は暴力革命で，ギロチンの恐怖政治に帰結した。アレントがフランス革命を「偉大な失敗」と評した所以である（アレント，2005，25頁等）。近代啓蒙思想を学ぶとしても徳を忘れず，知育と徳育を組み合わせねばならない。

6　「真」をコアにした総合的学習と授業研究

　日本の教育界にはデューイの影響も大きい。彼の教育学は相対的認識に立脚している。彼は相互主観／主体性やノエマとノエシスの相関性を提起する現象学や物質でも観念でもない効果に注目するプラグマティズムを研究し，経験やコミュニケーションを論じた。それはミードのシンボリック・インタラクション（象徴的相互作用・行為）と呼応していた（デューイ＝ミード，1995～2003）。これらは教育・学習における教師や児童・生徒の相互的で相対的な認識をもたらした。

　ここから有限な人間たる教師ではなく，目標・課題を核心（コア）に据えるコア・カリキュラム論が導き出された。コアにおいて，相異なるが根本では等

しい立場で，教師は指導し，子どもは学習し，共に努力する。コア，単元学習，知識，技術などの構図で総合的に考え，教育実践力と課題解決能力を向上させる。それにより教師も子どもも自然，社会，家庭で得た経験を再構成し，共に発達する。

しかも，デューイは小中高のみならず大学も視野に収めて「真理」の「研究」を論じた。相対性の徹底において「真理」の「研究」は初等教育でも求められる（子どもの総合的学習と教師の授業研究の連動）。

ここで真理と真言，コミュニケーションと面授，経験の再構成と実践修行，綜芸・種智と総合的学習を対比させれば，空海の教育思想をコア・カリキュラムに応用し，教育実践を豊かにできる。

7　生きる力を育てる「人間の教育」

子どもに生きる力を教えるためには，教師は如何に生きるか，そのための力は何かについて見識を持たねばならない。これまでの考察から「真」をコアに教師と子どもが共に知力と徳＝力（virtue）をカリキュラム化することが生きる力の育成に資すると提案する。

教育改革，教育再生が提起されて久しい。海外の思想や理論の導入も必要だが，日本の歴史に根ざさねば一時の流行に終わる。改革・再生を実効あるものにするには「人間の教育者」としての空海に学び，実践することが重要である。

引用・参考文献

アレント，H.『暗い時代の人々』阿部斉訳，筑摩書房，2005年。
―――『革命について』志水速雄訳，中央公論社，1975年。
石川謙・石川松太郎「実語教の撰者と撰述年代」塩入亮忠・中野義照編『伝教大師・弘法大師集』玉川大学出版部，1972年。
ウィトゲンシュタイン，L.『論理哲学論考』野矢茂樹訳，岩波書店，2003年。
碓井正久「宮原誠一」全日本社会教育連合会『社会教育』1979年6月号（『社会教育論者の群像』1983年）。

クレムペラー，V.『第三帝国の言語』羽田洋・藤平浩之訳，法政大学出版局，1974年。

小松英雄『いろはうた』講談社，2009年。

鈴木祥造「綜芸種智院成立過程に関する一考察」『大阪学芸大学紀要』第 7 号，1959
　　年 3 月（塩入亮忠・中野義照編『伝教大師・弘法大師集』玉川大学出版部，1972年）。

高木訷元「綜芸種智院の式　解題」（塩入亮忠・中野義照編『伝教大師・弘法大師
　　集』玉川大学出版部，1972年）。

―――『空海の座標』慶應義塾大学出版会，2016年。

―――『空海』春秋社，2019年。

デューイ，J.＝ミード，G.H.『著作集』河村望編訳，全15巻，人間の科学社，1995～
　　2003年。

中野義照「弘法大師の戒律思想 1 ，2 」『高野山時報』1969年12月 1 日，11日。

―――「総説」（塩入亮忠・中野義照編『伝教大師・弘法大師集』玉川大学出版部，
　　1972年 a ）。

―――「弘法大師の生涯」『全人教育』玉川大学通信教育部，1972年 b 7 月号。

―――「序論――弘法大師の思想と生涯」和多秀乗・高木訷元編『空海――日本名僧
　　論集第 3 巻』吉川弘文館，1982年12月。

中村元『日本人の思惟方法』春秋社，1989年。

パスカル，B.『パンセ』津田穣訳，新潮社，1952年。

久木幸男・小山田和夫編『弘法大師の教育』思文閣出版，1984（上・空海と綜芸種
　　智院，下・空海といろは歌）。

プラトン『ソクラテスの弁明・クリトン』久保勉訳，岩波書店，1964年。

フレイレ，P.『被抑圧者の教育学』小沢有作・楠原彰・柿沼秀雄・伊藤周訳，亜紀書
　　房，1979年。

ヘーゲル，G.W.F.『哲学史講義』長谷川宏訳，河出書房新社，1992年。

松長有慶「空海の著作」宮坂宥勝［他］編『空海の人生と思想』春秋社，1976年。

―――『空海思想の特質・著作集第 3 巻』法藏館，1998年。

―――『高野山』岩波書店，2014年。

宮原誠一「教育の本質」全日本社会教育連合会『教育と社会』1949年 a 3 月号（『教
　　育論集』第 1 巻，国土社，1976年）。

―――「社会教育本質論」全日本社会教育連合会『教育と社会』1949年 b 10，12月号
　　（「社会教育の本質」として『教育論集』第 2 巻，1977年）。

薮田嘉一郎『日本古代文化と宗教』平凡社，1976年。

山田正行『平和教育の思想と実践』同時代社，2007年。

―――『「わだつみのこえ」に耳を澄ます』同時代社，2018年。

吉川正二「空海の教育」『甲南女子大学研究紀要』第4号，1968年3月。

渡辺照宏・宮坂宥勝『沙門空海』筑摩書房，1993年。

第Ⅱ部

地域社会と学校

第3章

地域社会と協働する学校を創る

今西　幸蔵

1　未来社会を担う子どもたちの指導者への期待

　高野山大学文学部に教育学科が誕生した。弘法大師の教えに基づいて設立された高野山大学は，設立後135年が経ち，さらなる発展をめざしている。

　高野山大学が，教育学科を設立するという知らせを耳にして心が躍ったことを，昨日のことのように思い出すことができる。高野山大学に既設の文学部密教学科は全国的に有名であり，深い宗教哲理を学究し，真言宗僧侶として活躍する卒業生が多いことで知られる。

　新しく設置される教育学科では，小学校教諭・幼稚園教諭や保育士が養成される。未来社会を担う子どもたちを育てるという重要な社会的要請に応える学科であり，高野山大学の新たな展開として期待されるものが大きい。

　教育学科の開設によって，密教学科の従前の教職課程に加えて，小学校・幼稚園の教職課程および保育士養成課程が置かれる。教員免許や保育士資格を取得し，学校園や保育所の現場で子どもたちに囲まれる人々を育てていくことをめざしている。教育や保育という仕事は，人間の資質・能力を開発するための基礎部分を形成する営みを担う「業」であり，それに「仕える」指導者である教員や保育士を養成することは，社会的役割への支援ということになる。

　あらゆるものに「いのち」があると説かれた弘法大師の教えが，「いのち・文化・創造」というキーワードとして理解され，未来社会を生きる人々を育て，社会的使命を果たしていくことになる。人間は，自然環境の中で他の「いのちあるもの」と共に生きているのであり，地球社会に調和しつつ，かけ替えのな

い自分を育む存在である。その意味で子どもたちもまた，大いなる自然の一員であり，生きとし生きるものとして，仏様から授けられた「いのち」にほかならない。

　筆者が教職課程の「教育原論」の授業で，よく引き合いに出している「オオカミに育てられた野生児」（真偽は不明）という話があるが，とくに幼少期の子どもには，保護と教育が必要である。教育学者としてのルソーやペスタロッチが指摘していることであるが，未だ人間として成熟していない時期の子どもたちに与えるものこそが大切だという。それは，生涯にわたって各人の学習資源となり得るものである。その意味で，子どもの内面を高め，一人前の人間に「陶冶（とうや）」するという仕事（教育や保育）が持つ意義は果てしなく広くて深いものがある。

　「あまねく衆生を救う」という弘法大師の教えを学び，「社会のためになり，弱い立場にいる人を助ける」という思いを持った指導者が，子どもの学習と生活を支える支援者として全国各地で活動されることを願っている。国の中央教育審議会が，「教育とは，自分探しの旅を扶ける営みである」と述べているように，子ども一人ひとりの人生に関わる援助が教育や保育であり，その指導者の社会的役割はとても重要である。また，ここで述べている指導者像が，「高野山大学がめざす先生の姿」として具体的に示されている。それに基づいた教育課程が定められ，先生になろうとする人々の学びを支援する場が提供されている。

　「ここで先生になっていく」という強い信念を持って，国家資格である教員免許や保育士資格を取得して，教員や保育士になってほしいと願っている。また，高野山大学教育学科は全国に例のない新しい教育課程を編成して入学生を待っていることを知ってほしい。現場体験が大学の講義とともにプログラム化されており，知識と体験がリンクされ，そこでの学問研究と具体的実践でもって教育・保育指導者の養成が行われる。こうした豊かな教育環境によって，学生諸君の個々の能力・資質が高まり，優れた教員が生まれるに違いないと確信しているし，筆者はそのための支援を行いたいと考えている。

　幸い，筆者も教員の一員として加えていただくことになった。担当する科目は，「教職入門」「生徒指導論」「教職実践演習」「学校・保育現場体験」に加えて「演習」などが予定されている。将来，現場で教員や保育士として働く先生を育てることが，今の筆者の使命だと考えている。

2　教育学科で学び，教員や保育士になる

　教育学科に入学したならば，「先生になる」ために，具体的にどのように学んでいくのであろうか。入学後のオリエンテーションなどで教育課程の説明があるが，基本的には文学士の学位取得が必要であり，そのための教育課程があり，最終的には卒業研究に向けての学修が必要である。

　入学目的は個人によってそれぞれ異なるであろうが，多くの学生は卒業後に教員や保育士になることを期待しているため，教員免許や保育士資格が取得できる教育課程が設けられている。こうした大学教育を「教職教育（保育士教育）」と言い，法律などで定められた「教職課程（以後，保育士資格課程を含む）」を本学で履修することになる。すべての教員や保育士は，学校や課程ごとに該当する「免許」や「資格」を取得していることが義務づけられているからである。「免許」には自動車運転免許などがあるが，一般的に免許を必要とする仕事は限定的で，専門性が高く，質が問われる職業であることが多い。医師免許や調理師免許がそれに該当する。そうであるがゆえに，「教職課程」は国が教員や保育士といった人材養成を委嘱する制度であり，厳しい規程のもとに運営されているのが現状である。

　もちろん，本学教育学科に入学しても，全員が教員や保育士になるとは限らないし，最初から教員志望でない人もいるであろう。そういう人にも，高野山大学のカリキュラムは幅が広く，深い教養を身につけることができる。しかし，教育や保育の理論と実践を学ぶことは，職業の如何にかかわらず重要なことだと思う。

　ところで，高野山大学教育学科のように，教員や保育士の養成をめざしてい

る大学の教育課程は，通常の授業コースがそのまま教員養成コースになっている。最初から教職課程に見合った教育課程が設計されているので，特別な場合を除き，通常の授業コースで学んでいけば良いのである。

　小学校教員免許を取得するには，文学部生としての履修とともに，大学の「教職課程」に関わる授業などにおいて，法律で必要と定められている約60単位（免許の種類で異なる）を修得しなければならない。その上で，高野山大学の学生は，和歌山県教育委員会に教員免許の交付を申請し，小学校教諭免許・幼稚園教諭免許（保育士資格は別の申請）を取得することができる。

　「教職課程」の最初の授業科目として位置づけられているのが「教職入門」である。授業では，幅広く教員として必要な基礎知識や学校を理解することを学修する。教員養成の仕組みと任用，教員の社会的地位と役割，学習指導や生徒指導，学校の管理・運営上の事務などが内容である。

　「高野山大学がめざす先生の姿」という教師像について前述したが，「教職入門」の授業において，とくに重要な柱となるのが「教師論」であり，「教師とは何か」を学ぶ。「教師」という言葉は，「教員」とは区分される。「教員」は，法的な「学校」（学校教育法で規定されている学校。一条校という）で勤務する人を指す言葉である。「教師」とは，その人の教えを受けたいと考えて人が集まるような教育者を意味する用語である。筆者が研究対象としている石田梅岩（江戸時代の京都の人）のような人には，各地から教えを乞うて人が集まったとされる。梅岩は，人間として共感できる生き方を教えていたからである。

　いわゆる学校の先生は「教員」であるが，それは身分上のことであり，めざすところは「教師」である。私たちが求めているのは，そのような人間的魅力のある教員，すなわち「教師」なのである。教育は，人が人を教え，育てる機能であり，学校教育においては，学習指導要領に基づいた教育課程が実施される。教育には，知識や技能の伝授という役割があることから，人に教えを授けることができる教養と専門性が必要であるが，一方では児童や生徒との人間的触れ合いのもとに，彼らが求める学習を支援するのが教員の役割ということである。

3　急激に変わりつつある学校

　ところで，学校とは何なのだろうか。学校にはどのような役割があるのだろうか。学校教育は本質的には家庭教育の延長であり，人間形成にとって重要な時期に，家庭に代わって教育を行う場所が学校であるという理解が必要である。子どもの教育の主体は，あくまでも家庭にあることを忘れてはならない。

　学校においては，教育課程に基づいて子どもを教育する。教育課程とは，教育目的をふまえた教育目標を達成するために，教育内容，教育方法および教育評価などの教育の諸要素を構造化し，定型的な教育として実施する仕組みである。

　教育課程の編成と実施は，学校教育の根幹にある事務であり，教育基本法において，「教育の目標が達成されるよう，教育を受ける者の心身の発達に応じて，体系的な教育が組織的に行われなければならない」とある。学校の目的は，人権としての受教育権を，個人の要望と社会の要請にしたがって保障することであり，「人格の完成を目指し，平和で民主的な国家及び社会の形成者として必要な資質を備えた心身ともに健康な国民の育成」が期せられるとする教育基本法第1条の「教育の目的」を実現することにある。

　こうした目的をふまえ，学校は，子どもを豊かな人格を有する人間に育てるという役割を持つが，知識や技能を与えることも重要である。「読み，書き，計算する」という基礎的リテラシーを習得させることにより，知識や技能を次世代の人々に継承，伝達することになり，やがて文化的価値を「創造」することができる国民を養成するのが学校の役割である。

　近代学校がイギリスに設置されて200年以上経つが，この間，産業構造の変化が著しく，社会の在り方も大きく変化してきた。学校に対する社会的要請が従前のものとは異なり，学校制度や教育課程などはそれに対応しなければならなくなり，教育改革が実施されているのである。

　21世紀の日本の学校が，その在り方や教育の進め方を大きく変化させた背景

は，国際社会の動向と無関係ではない。国際社会は，環境問題・産業問題や人口問題などから生じるさまざまな要因により，新しい教育体系を創りだしている。

例えば，国連・ユネスコや国際的な経済団体であるOECDなどの機関は，それぞれの立場からの課題解決に向けて教育政策を提示しており，わが国の教育に強い影響を与えている。特に学習指導要領と呼ばれる国家レベルで定められる教育課程の大綱的基準において影響が見られる。

読者の皆さんは，OECDという機関が実施している「PISA（ピサ又はピザ）」と呼ばれる国際学習到達度調査について聞いたことがあるだろう。マスコミが日本の子どもたちの学力が低下していると大騒ぎしたことがあるが，これはPISAの結果を受けてのものだった。また以前に，日本でフィンランドの教育方法がさかんに取り上げられたのもPISAの影響である。

PISAというのは，3年に1回実施される国際学習到達度調査であり，受験のための学力テストとは性格が異なる。「すべての人々の人生の成功と良好な社会の形成」のために必要な学力という観点からOECDによって案出された「キー・コンピテンシー」に基づいた教育の実施を求め，各国にその教育成果を問うている。日本の子どもたちも例外ではなく，文部科学省は国際的な学力評価に見合った教育政策を進めており，筆者も文部科学省国立教育政策研究所の研究員として関係してきた。こうした動向は，子どもたちの学力評価が国際社会で問われているということであり，学校においては，教育課程そのものが変わりつつあることに留意しなければならない。

とりわけ，1984年に設置された臨時教育審議会が教育改革のための答申を示して以降，ここで挙げたような国際化やソサエティー5.0[1]につながるような情報化の影響を受けつつ，わが国の教育行政は急速に学校改革に取り組んでいる。

学校が変わったという認識が必要である。教育改革は，未だ過渡期ではあるが，すでに学校制度の多様化が進行し，選択可能な教育機会が拡充されたことで中等教育の複線化が整備された。さらに，後述する地域社会と学校の連携・協力がいっそう進展している。こうした教育制度上の問題だけでなく，各学校

の教育課程について，学習指導要領改訂によって新しい学力観と教育内容・教育方法が示されている。大綱的基準である「学習指導要領」は，およそ10年間の教育の在り方を示すが，2008年の学習指導要領改訂は「活用型能力」を重視し，2017年に示された現行の学習指導要領は「資質・能力の育成」を求めている。

　改訂された教育内容では，教科として小学校に英語が加わり，小・中学校では道徳が教科（当面は特別の教科）になる一方，高等学校では教科・科目が大きく変わり，国語科と社会科では「探究」と称する科目が登場した。「一人一人が社会に参画」することを求め，「社会に開かれた教育課程」の実現を理念としている。「何を学ぶか」「どのように学ぶか」「何ができるようになるか」ということが指導の観点とされ，「個別の事実に関する知識」と「社会の中で汎用的に使うことができる概念等に関する知識」を身につけるべき知識としている。また，こうした教育を進める方法として，「主体的・対話的で深い学び」（アクティブ・ラーニング）が挙げられている。

4　地域社会と学校の連携・協力

　最近，コミュニティ・スクールという言葉を聞かれたことがあるのではないか。日本でいうコミュニティ・スクールとは，「学校運営協議会」制度を導入した学校を意味する。この「学校運営協議会」というのは，校長，地域連携担当教職員などの学校関係者とともに，保護者や地域住民などが組織する「地域学校協働本部」という学校支援組織が，学校運営に関して協議する機関を指す。
　「学校運営協議会」は，学校運営の基本方針を承認し，学校運営や必要な支援に関する協議をし，教職員の任用に関して教育委員会に意見を述べることができる。コミュニティ・スクールにおいて重要な役割を持つ「地域学校協働本部」は，地域住民，学生，児童・生徒の保護者，民間教育関係団体，民間企業や機関などが参画し，「まちぐるみ」で子どもを育てることを目的とした活動組織である。社会教育法で規定された社会教育活動であり，放課後子供教室や

家庭教育支援活動などを行い，幅広い取り組みの中で学校を支援し，学校を核とした地域づくりを行う。この「地域学校協働本部」では，これまで地域コーディネーターと呼ばれた地域学校協働活動推進員（社会教育法第9条）が中心となり，子どもたちを育むためのさまざまな活動を実施する。

　この制度は，現在のわが国の最も重要な教育課題として位置づけられ，国の第三期教育振興基本計画（平成30年6月15日）では，2022年度までに「全ての公立学校において学校運営協議会制度が導入されることを目指す」となっている。

　コミュニティ・スクール構想が導入されたことは，何を意味するのであろうか。背景としては，青少年を取り巻く環境の変化，家庭や地域社会の子育て機能・教育力の低下があり，その中でこの制度は放課後の子どもの活動場所の確保や学校の教育活動に対する支援，学校運営への住民参画や社会教育の推進などを求めている。子どもを教育するのは，学校という行政機関だけでなく，保護者を含む地域住民や学校を支援する立場にある多くの関係者もまた教育を行う一員であるという認識がある。

　子どもの教育を，行政や学校に限ることなく地域住民等の民間を含む関係者すべてが担当すること，地域総ぐるみで子どもを育てるという仕組みが導入されたのであり，結果として，地域住民が学校経営に参画する道筋が明確になった。学校を地域づくりの中核として位置づけ，地域の教育力を高め，コミュニティを形成するために「学校運営協議会」をつくり，地域学校協働活動推進員が中心となって運営に参画する「地域学校協働本部」の活動を組織化することが急務となったのである。こうした学校の新しい在り方の中で，教員の役割はどうなるのであろうか。教員には，依然として子どもに対する学習指導力や生徒指導力などが必要とされているが，新しく必要とされる力について挙げると，次の5点になると思う。

　第一に，社会と接するようになる子どもたちの道徳性（倫理観や価値観）や社会的スキルを育てる力，第二に，生活体験や自然体験などの学習プログラムを実践・実施できる力，第三に，働く親の状況と子どもの置かれている環境を理解し，親の子育てを支援できる力，第四に，学校での子どもの生活を親に伝え，

学習活動のPDCAを明確に地域に広報することによって学校の説明責任を果たす力，第五に，学校と地域社会とを密接に結びつける，子どもの教育を創造していくためのネットワークづくりができる力である。

　これらの新しい能力は，大学の教職課程その他の授業やゼミ等において育成していきたいと考えているが，それだけでは十分とは言えないだろう。ではどうするのか。大学もまた地域社会と連携・協力し合うことによって，学生への教育の質・量を高めることが求められているのである。

5　子どもが育ち，学校が育ち，地域社会が育つ

　これからの学校は，単なる教育施設ではなく，地域社会という共同体の一員としてコミュニティ形成の中核的な役割を担っていく。そして，行政だけでなく，住民もまた学校経営に参画する時代がやってきたのである。

　これまでも，地域住民は子どもへの深い愛情のもとに，子どもの生活や教育を支援してきた。例えば，学校周辺の不審者に注意して子どもの安全・安心を確保したり，通学支援を行ったり，学校園の植栽に協力したり，学校行事に協力・参加したりしてこられた人が大勢おられる。授業での学習活動の講師をしたり，学校図書館を整備したり，また課外活動である部活動において指導者となってくださった地域住民も少なくない。こうした取り組みがあってこそ，今日のような学校教育が発展してきたと言えよう。コミュニティ・スクール構想は，こうした取り組みの継続性において実現できるプランであるため，今後の展開については過去の実践から学ぶことが必要であると考える。

　以下に挙げる事例は，筆者と当時の学生が地域活動に参加することによって，地域と子どもの教育について学習させていただいた実践である。

　和歌山県K町の小学校では，「コミュニケーション能力の育成──地域との交流を通して」との主題のもとに教育課程を編成し，①学級の集団づくり，②基礎学力の充実・学習展開の工夫，③場の設定（地域との交流），④読書タイムという4つの視点を示した。

　1〜2年生は，学外の集会の中で劇を演じ，3〜4年生は，学級で地域に関わるスピーチを行い，住民にインタビューしたり，一緒にインドネシアの民族楽器アンクロンを演奏する。5〜6年生は，社会奉仕活動（老人会への花のプレゼント），体験活動（キャンプや米づくり）などを行う。秋には地域のまつりに参加し，地域の人々が総出で，学校でのバザーや餅つきなどのイベントに取り組んでいる。地域住民等の支援は，子どもたちにとって重要なコミュニケートの機会となっている。子どもたちは，他人に自分を理解してもらったことに喜びを見つけ，自信を得て，仲間意識を育てるようになる。日々の他者や自分自身とのコミュニケーションの積み重ねが「人間関係力」を養っていく。

　この小学校の取り組みに，かつて筆者が勤務した大学の生涯学習ボランティアサークルが参加したことがある。このサークルは教職志望の学生グループで，日本各地に出かけ，子どもの教育や地域づくりに関わるボランティア活動をしていた。事例としたK町の小学校では，子どもたちの前で理科実験（科学の面白さを伝える実験）やゲーム（チャレンジランキングというゲームの組み合わせ）を行い，また子どもたちからインタビュー形式でキャリアや進路に関する質問に答えていた。「お兄さん，お姉さんはどうして大学に行こうと思ったの？」「大学でどんなことを勉強しているの？」「スポーツは何をしているの？」などという質問にたじたじとする光景が見られた。日頃の学校生活や日常生活とは異なった時間を過ごし，年齢が離れた大学生と面と向かって対話した子どもは，自分の進路について漠然と考え始めたであろうし，何かを学ぶに違いない。

　大学生の方も，子どもと接することから学んだことがあるに違いない。大学に戻った時に，学生から「絶対に先生になろうと思った」「もっと勉強をしなければいけないことがわかった」などという意見が出てきた。

　高野山大学での教員養成の中で取り組みたいと考えていることは，こうした学校支援活動を実践できる学生の育成である。教職に就こうとする学生が，学校と地域社会との連携・協力に関わる活動を体験的に学ぶことは，とても重要なことである。学生による学校支援ボランティアと言うべき活動には，学習指導要領でも示されている汎用的スキルの習得が不可欠であり，そのための学習

機会を提供することが，私たち教員の課題であると考えている。

　獲得された基礎的・基本的な知識やスキルを，汎用的なレベルのものに高める学習機会として，すでに，本学の教育課程には「高野山大学特任マイスター」による専門性のある地域活動が組み込まれている。そうした実践的な教育を受けるとともに，ここで示したような地域社会での実践活動を通して，学生諸君には真に教員としての力量を育んでほしいと思っている。

6　高野山大学教育学科の可能性

　これまで述べてきたように，学校が地域社会と連携・協力する活動が求められ，その担い手を育成しようとするならば，実際の活動に関わることが重要である。高野山大学の体験プログラムを，実践的な学習機会として理解する必要がある。それぞれの分野で優れた技術や経験，知識を持つ地域の人々を「高野山大学特任マイスター」として認定し，教育課程での学修に加わっていただき，農業体験，森林体験，馬術場体験，地域おこし，文化活動などが実施される。

　このような専門性のある実践的な教育活動によって，筆者が求めているような学生が育つに違いないと考えている。また，本学では地域支援センターが設置される。「地域学校協働本部」の活動課題にある学校支援ボランティアの育成について，学校を支援したいと考えておられる地域住民に，社会教育の場として，学習とボランティアの場を提供することが可能になるかもしれない。それは社会教育の学級・講座は学びの入り口であり，そこでの学習成果を，子どもたちの学びの場において生かすことで，成人の学びがよりいっそう豊かなものになっていくに違いない。社会教育での学びが，学校教育で生かされるということであり，そうした場に学生が参加できるような形になれば，さらに有意義だと思われる。

注
(1)　狩猟社会（ソサエティー1.0），農耕社会（ソサエティー2.0），工業社会（ソサエ

ティー3.0），情報社会（ソサエティー4.0）に続く新しい社会のあり方を意味し，仮想空間と現実空間を高度に融合させることによって経済や社会の発達を求める人間中心の社会。

参考文献

今西幸蔵「『人間関係力』を持つ」『人生を変える生涯学習の力』新評論，2004年。

───「人間関係の開発に関わるプログラムの一考察」『青少年育成研究紀要』第5号，日本青少年育成学会，2005年。

今西幸蔵・古川治・矢野裕俊編著『教職に関する基礎知識』八千代出版，2019年。

佐久間亜紀・佐伯胖編著『現代の教師論』ミネルヴァ書房，2019年。

阪神地区私立学校教職課程研究連絡協議会編『教師を育てる──大学教職課程の授業研究』ナカニシヤ出版，2010年。

第4章

「みんなの学校」の理念
—— すべての子どもの学習権を保障する学校をつくる

木村　泰子

1　「みんなの学校」とはパブリックの学校

(1)パブリックの学校

　「みんなの学校」とは全国のパブリックの学校の代名詞である。パブリックはみんなのものだ。その地域に生きるすべての子どもが安心して自分らしく学ぶ居場所のある学校が「みんなの学校」である。貧困な家庭に生まれようと，「障害」があると診断されようと，すぐに暴力をふるってしまう子どもであろうと，子どもはすべて地域の宝である。10年後・20年後は地域をつくる大人になるのだ。現在の多様な価値観があふれる社会の中で生まれて育ち，義務教育を受けるのだ。椅子に座れない子どもがいるのがあたりまえである。従前のように親の言うこと・先生の言うことだけを聞く子どもを育てていたら，10年後の社会で通用しないのは明白である。学校が変われば地域が変わる。地域が変われば社会が変わる。すべての子どもが「自分から，自分らしく，自分の言葉で語る」事実をつくることが教員の仕事である。

　子どもの周りのすべての大人が「できるときに，できる人が，無理なく，楽しく」の合言葉で，地域の子どもと大人が学び合う関係を地域の学校につくっていかない限り，すべての子どもの命は守り切れない社会状況である。学校に教職員以外のさまざまな大人の姿があることが，画一的な学校の空気を多様な空気に変え，社会につながる学びを獲得していくことにつながるのである。

　「今日は誰が困っているかな……」と，その日，困っている子どものそばにそっと寄り添う地域の大人が増えれば増えるほど，子どもは安心する。学校と

地域の融合が子どもの安心感を生む。

（2）地域の学校

「地域の学校」は校長のものでも教職員のものでもない。パブリックの学校は地域住民のものだ。校長や教職員は転勤や退職があり，年数がたてば地域の学校から去る「風」の存在である。地域住民はその地域に学校があり続ける限り地域の学校の「土」である。この「土」を耕し続ける地域の力があれば，土の豊かな栄養に地域の学校は根を張り続ける。時には望ましくないさまざまな「風」が吹き，揺らぐこともあるだろう。少々揺れ動いても「土」に根が張り続ける限り，地域の学校は復元する力を持つ。持続可能な地域の学校づくりである。そんな地域の学校で育ち合う子どもは自分の地域を大切にし，目の前の大人にあこがれをもち，自分が大人になったら同じように地域の学校の「土」になっていくだろう。

すべての子どもは大人の前では弱者である。一人で生きていくことはできないのだ。親が子どもを育てる時代とは言い切れなくなった今，地域の大人が地域の子どもを育むことが可能にならない限り，すべての子どもの命は守り切れない。誰一人取り残すことなく，すべての子どもの居場所が学校にある。そんな学校が「みんなの学校」である。

2　学校の在り方を問い直す

（1）自分をつくる

「子どもは何のために学校に来るのだろう？」

全国の教員のセミナーで，よくこの問いを投げかける。すると，ほとんどの教員が「学ぶ」ことの本質を言葉にされる。次に「授業の中でその力をどのようにつけているか？」との問いには，多くの教員が言葉に詰まる。

「授業がどのように変わったか？」「学校がどう変わったか？」との問いには残念な言葉しか返ってこない。

　ドキュメンタリー映画で知られる「みんなの学校」大阪市立大空小学校は2006年4月に大阪市に約300番目の学校として開校した。「大阪市立大空小学校」という名は地域名ではなく，大空のように限りなく広い心を持った人になりたいとの子どもの願いからつけられた。当初は校名に地域名を冠するはずだったのだが，住民たちはこれに反対だった。地域格差を感じていた住民たちがその名に対する偏見を恐れたのである。このような地域の空気の中で筆者は同校に校長として赴任し，パブリックの学校がどうあればいいのかについて悪戦苦闘した9年間を過ごしたが，何よりも大切にしてきたのは，それぞれの子どもの持つ多様な「自分らしさ」をいかに高めあい育てるかということであった。

　人と人の違いを対等に学びあう環境をつくる。そのためには，大人が正解を押し付けることなく，正解のない問いを問い続けなければならない。

　子どもが学校で学ぶ最上位の目的は「自分をつくる」ためである。

（2）学校はあるものではなくつくるもの

　くり返すが，すべての子どもは地域の宝だ。貧困な家庭に生まれようと，どれだけ重度な「障害」を持つ子どもであれ，すぐに暴力をふるってしまう子どもであっても，すべての子どもは未来の地域社会をつくる宝である。すべての地域の宝が安心して学ぶ場があるのがパブリックの学校だ。

　子どもは生まれてから小学校に入学するまで，一人ひとりが透明のリュックを背負っている。20年前・30年前の社会のニーズとは異なった中で生まれて育っている。つまり，就学するまでの経験は多様でその違いは大きいものがあってあたりまえだ。愛されて育った経験を持つ子どももいれば，虐待されながらも必死で生きてきた子どももいる。そんな多様な子ども同士が対等に違いを尊重し合って学び合う場が学校である。従前の画一的な学校のあたりまえを子どもに押しつけていては，「学校」は「収容所」と名前を変えなければならないのではと考えさせられる状況である。アウェイからのスタートをどう強みに変えるかを考え続け，開校当初に学んだことは貴重であった。あそこの学校は「いい学校」，あの学校は「行きたくない学校」，「今年の担任は当たり・はず

れ」などの声が聞かれる従前の学校文化を断捨離することから始めた「みんな
の学校」づくりである。学校が地域にあるから行くのではなく，自分の学ぶ学
校を自分がつくるのだ。与えられる学校ではなく，自分の学校を自分がつくる
というビジョンをみんなで共有し，行動に移した。学校にかかわるすべての
「人」が学校をつくる当事者になる仕組みを考え，可視化していった。

〈「みんなの学校」をつくるビジョン〉
　学びの主体の子どもが自分の学校を自分がつくる
　子どもが学ぶ学校を保護者が自らつくる
　地域の宝が学ぶ学校を地域住民が自らつくる
　自分の働く学校を教職員が自らつくる

　「自分がつくる自分の学校」が「みんなの学校」である。子どもも大人も
「みんなの学校」を大切にした。自分の学校や自分が好きですかとの調査では
常に好きと答える子どもは90パーセントを超えていた。それは，自分が学校づ
くりの当事者になっているからであり，自分の学校だからである。学校という
学びの場にいる子どもと大人のすべての人が当事者になって自分の学校を自分
がつくるのだから，居場所のない子どもがいないのはあたりまえなのだ。
　「自分をつくる」ために子どもは学校に来る。一人ひとりの子どもはみんな
自分らしい「自分」を持っている。一人のかけがえのない価値を持った自分が
他者を尊重し，ともに学び合う場が学校である。

3　すべての子どもを多方面から見つめ全教職員のチーム力で育てる

（1）目的と手段を混同しない

　パブリックの学校の最上位の目的は「すべての子どもの学習権を保障する学
校をつくる」ことである。言い換えれば，誰一人，学校に安心して学ぶ居場所
がない子どもをつくらないことだ。学校は子どもが「自分をつくる」学びの場

である。10年後の社会で，なりたい自分になるために必要な学力を獲得する場
である。10年後はどんな社会が待っているのかと，常に職員室で雑談し合う大
人たちの姿があった。そんな雑談の中から生まれたキーワードが「多様性」
「共生」「想定外」である。

　「おはよう」から「さようなら」までの一日の学びの場が多様な空気の中で，
違いを持つ子ども同士や大人が対等に学び合い，想定外を生き抜く力を子ども
が自ら獲得する学校づくりが必要不可欠である。10年後の社会で生きて働く力
をつけることが学校教育の目的なのだ。この目的のためにあらゆる手段を生み
出し，行動する教職員のチームがなければ，すべての子どもの学習権を保障す
る学校づくりは不可能と言っても過言ではない。

（2）悪しき学校文化を断捨離する

　画一的な授業を断捨離するために学級担任制を廃止した。担当制に変え，
チームで授業計画を立てた。授業者が子どもの状況に応じて変わるのである。
それぞれの教員は一人の子どもにとってはもちろん，相性の良い・悪いもある。
一時間の授業の課題とまとめが外れない限り，授業は進む。従前のように，記
憶の量をインプットしてペーパーにアウトプットする授業で獲得する学力だけ
では，10年後の社会のニーズには通用しないことは誰もがわかりはじめている。

　上手な授業を目指すことを目的にしていた教員時代は，教材研究や授業の準
備に多くの時間をあて，授業の中での困っている子どもの姿に目が向かなかっ
た。いかに教えるかに終始していたからだ。ところが，授業の主語を「子ど
も」に変えると，「子どもがわかる」「子どもがわからない」「子どもが困って
いる」「子どもが安心する」「子どもが不安がっている」など，子どもの姿をみ
て授業をつくるようになり，困っている子どもが困らなくなる授業づくりに目
を向けられるようになった。なかでも，「わかりましたか」との言葉は使わな
いようにした。代わりに「わからないところはどこですか」と問うようにした
のだ。言い換えると，子どもに「はい」と言わせる言葉かけを断捨離したので
ある。そして目の前の子どもが安心して学んでいるかどうかの評価を「自分か

ら，自分らしく，自分の言葉で語る」子どもの事実においた。

　授業参観も断捨離した。これは子どもの声から大人がやり直しをしたのである。開校当初は何の疑いもなくあたりまえに学習参観日があった。ある日の参観後に子どもから，「学校は自分がつくるところなのにどうして参観日は見せる授業になるの？」と問われたのだ。なぜそのような疑問を持ったか理由を聞くと，先生たちは普段の服からいい服に着替える。普段の授業と違ったカードなどを黒板に貼る。まだ発言していない子はいないかなど，普段言わないことを言う。いつもなら怒りそうなことも笑っているなど，普段の授業と違って見せる授業になっているのはおかしいのではないかとのことだ。これらの子どもの声を職員室のみんなで共有し，対話を重ねる中で学習参観日を断捨離することにした。

　すべての人が学校づくりの当事者にと言いながら，まだまだいい学校・いい授業・いい先生を見せることに時間をかけていたのである。

（3）主語を「子ども」に変える

　「先生が……」を「子どもが……」にチェンジした学校づくりにチャレンジすると，従前のあたりまえがいかに画一的で子どもを「正解のスーツケース」にはめ込もうとしていたかに気付いていった。集団をつくり集団を育てることに目を向けていた過去の指導にも違和感を持ち始めた。「みんながすることはあなたもしなさい」「みんなが頑張っているのだからあなたも頑張らなくては」「みんなに迷惑ですよ」「みんなのために……」こんな言葉を指導の言葉として使っていた過去のあたりまえが，「個」の姿が育つという目的を考えると，通用しなくなったのである。

　「教えるプロ」になることが教師の力だと自負していたベテランの教員たちが一度はとことん落ち込みながらも子どもに「学ぶプロ」へと自分を変えていったのだ。そんな先輩の姿を目の前で感じる新しい若い教員たちは，たやすく自分を「学びのプロ」に変えていくチャレンジを続けた。

　「子どもが学ぶ・子ども同士が学び合う授業をつくる」ことが9年間の研究

テーマであった。これでいいと思う授業ができなくて，テーマを変えることができなかったのだ。どんな授業をするかではなくその授業の中で子どもの学びに向かう姿はどうであったか，なかでも一番困っている子どもはどの子で，この子が困らなくなるためにどんな授業をつくればいいのかといった視点で，日々の授業を大切に授業研究を続けた。子どもが「自分をつくる」ために授業がある。それぞれの個性を持つ子ども同士がいつもいっしょに学び合うのである。従前の学校のあたりまえであった「障害」を理由に子ども同士の関係性を分断することの必要性は皆無であった。それどころか，子ども同士の関係性に格差をつけ，差別や排除を教えてしまっていた過去をやり直すことにチャレンジした。まず，その手掛かりとして，「すべての子どもに必要な学力」を見える形にした。

（4）学力の定義を明確にする

　学力の定義を明確にした。点数で測れる学力を「見える学力」とし，10年後の社会で生きて働く学力を「見えない学力」とした。前述した全国の先生方への質問では，さすがに「見える学力」が大事だとの声は返ってこない。思いやりや，人とともに生きる力などと発言されるが，その学力をつけるための授業が「見える学力」だけを優先した授業になってしまっていることに愕然とするのである。

　「みんなの学校」では，「多様性」「共生」「想定外」のキーワードが待つ10年後の社会で生きて働く力を次の「4つの力」として見える形にした。

　「人を大切にする力」
　「自分の考えを持つ力」
　「自分を表現する力」
　「チャレンジする力」

　この「4つの力」を子どもが自分で獲得するのである。学校でのすべての時

間にこの４つの力をつけることが学びの目的である。重度の「知的障害」「自閉症」と診断を受けている子どもや，人とのコミュニケーションがうまくいかないことで「発達障害」とのレッテルを貼られている子どもも，すべての子どもに必要なこの「４つの力」を学校生活のすべての時間で獲得することを学びの目的とした。子どもと全教職員が共有し，スクールレターなどで常に地域住民に発信し続け，「見えない学力」を優先した学校づくりをしてきた結果として「見える学力」は大きく伸びていた。「見える学力」を優先していたら，すべての子どもがいつも一緒に学び合うことがあたり前の多様な空気はつくることができなかったような気がする。

　大空小の開校から９年間は，学校での居場所を失った子どもたちが全国から50人を超えて転居し転入してきた。この子どもたちは，「いじめられた」「通常学級に入れてもらえなかった」「先生に怒られておびえていけなくなった」「苦しかった……」「迷惑がられた」などの理由で「障害」の手帳を持っている子どもがほとんどだった。ところが，「みんなの学校」にはあたり前のように来るのだ。この子どもたちに，いつも教えてもらうことがあった。前の学校には行けなかったのに，大空小にはどうして来るのかを聞いたのである。多くの子どもから同じような言葉が返ってきた。

　それは，「空気が違う」との言葉だ。前の学校の空気はどんな空気だったのかとの問いには「刑務所」「牢獄」「独房」と語る。刑務所の理由を説明してというと，「思ったことを言うと，黙りなさいって言われる」「椅子に座っているのがつらくなって立ったら，動くなと言われる」「教室の空気が吸えなくなって苦しくなって逃げだしたら出ていくなと言って連れ戻される」。とても残念な言葉だが，これが画一的な従前の学校文化に困らされている子どもの事実なのだ。私たちはその都度，自分を見直しやり直す日々の連続であった。また，この子どもに大空小はどんな空気かと聞くと，「ふつう」と淡々と言葉を返す。自分のペースで学ぶ居場所があることが，子どもの「ふつう」なのだ。「自分をつくる」ために，すべての子どもが子ども同士学び合う場が学校である。

　「みんなの学校」づくりにゴールはない。

4　誰一人取り残すことのない学校づくりを

（1）「分ける教育」や「分けない教育」を議論する前に

　インクルーシブ教育の名の下に，「分ける教育」を推進し，特別支援教育を充実させることがその成果だと自負している学校現場が多いことに驚きをかくせない。特別支援教育を「医学モデル」で語る専門家に惑わされている現場の教員や保護者が多いことも子どもが困らされる原因の一つになっている。支援の必要な子にとって必要な学力をつけるために，みんなと違う教室に通うことを勧められるのである。それも学校の都合で決められた時間に，分けられた場が与えられる中で，その子に必要な学習をというのだが，その目的が現場で対話されることはほとんどないようである。支援を必要とする子どもに，どんな力をどのように，どんな人から獲得するかを「場所」ではなく「人」で語らなければならないはずである。就学前に早期発見・早期治療として行政等が行っている発達検査の目的は，10年後の社会をともにつくり，ともに生きるための合理的配慮として行われているはずだ。ところが，現実は合理的配慮が「合理的排除」につながってしまっている事実があることを真摯に問い直さなければならないだろう。

　インクルーシブ教育の理念とその実践とのねじれを感じて否めない。子どもの事実から学び，子どもの事実に返る真のインクルーシブ教育を問いなおす時が来ている。

（2）子どもの事実から学び直しをしていく大人に

　すべての人がともに生きる社会をつくるためには，すべての子どもがともに学び合う学校をつくることが必要不可欠である。

　「障害」を理由に学びの場を分断される現状を子どもはどう感じているだろうか。

　全国の教員たちと学び合う中で，「ふつう」の学級で学んでいる子どもは

「特別」の教室で学んでいる子どもとの違いを対等と感じているか？　格下の違いと感じているか？　と問うことがある。全国どの地域で質問しても９割以上の教員が「格下の違いと感じている」と答えるのだ。これは，今の子どもたちから奪われてしまっている「学力」とは何かを示しているのではないだろうか。今こそ，学びの本質を問い直さなければ，また，取り返しのつかない過去の失敗を繰り返してしまう日本社会になってしまうだろう。

　2016年に「やまゆり園」で起きてしまった「相模原障害者殺傷事件」で，一人の残忍な事件を起こした犯罪者を日本社会から排除しただけで終わってはならないことは，すべての大人が感じているはずである。

　教職員である前に，自分は社会人か？　社会人である前に一人の大人か？　大人である前にひとりの人間か？　「人」として子どもに向き合い学び合っている教職員である自分がいるかを常に教職員同士で自浄作用を高めてきた。

　子どもは子どもである前に一人の人である。大人が一人の人として目の前の子どもと対等にどう学び合えるか，この関係性をつくれなかったら，学びの本質は生まれない。このことを肝に銘じて大人が問い直しをする時である。

　他者を批判している間は，弱者は守れない。すべての子どもは大人の前では弱者である。大人がほんの少し自分を変えるだけで，気付いたら子どもは大きく変わっている。

　「障害」のある子どもは「特別」の教室で学ぶという従前の学校のあたりまえを「みんな」で問い直し，すべての子どもが「いつもいっしょがあたりまえ」の学校をつくることは，すべての人がともに生きる多様性社会をつくることにつながる。

　教員の仕事は「子どもの事実」に始まり「子どもの事実」に返すことがすべてだということを肝に銘じ，自分の考えを持ち行動する大人の「自分」であり続けてほしいと願う。

5 これだけは

（1）学校はすべての子どもの「安全基地」

コロナ禍でまだまだ先が見えず，大人の誰もが不安になっている現在（2020年）の社会情勢である。学校での子どもの様子はどうだろうか。これまで以上に家庭での居場所がなくなってきている子どもが増えているように感じるが，子どもたちは家庭で安心して過ごせているだろうか。

学校はすべての子どもの「安全基地」である。家庭で居場所がなくなってしまった子どもが，学校に助けを求めていけるだろうか。

「みんなの学校」の大空小では，すべての6年生を「リーダー」と呼んでいた。自分の学校を自分がつくりリーダーになるのだ。このリーダーたちが来校者に自分の学校をプレゼンする「大空NAVI」という独自のカリキュラムを作っていた。リーダーたちは学校を紹介するのにゲストをまず職員室に案内し，「ここは大空の子どもたちが一番安心する場所です」と語るのだ。もちろん，ゲストの方々は驚いて「どうして？」と質問される。すると，リーダーたちは「どんなに困ることがあってもここにさえ来れば何とかなるからです」と答えるのである。驚かれたゲストは「どうしてここに来れば何とかなるの？」と質問されるのだが，リーダーたちは「ここにはいつも大空の大人たちがいます」と平然と語るのである。筆者はリーダーたちのこの言葉を聞いたときに，リーダーたちを頼もしく受け止めると同時に，校長としての責任の重さを痛感したものだ。

大空の子どもたちの言う「大人」は保護者や地域の人たち，そして，教職員のことだ。「〇〇先生」が助けてくれるのではなく，「職員室」にさえ行けば何とかなると，子どもたちは目の前の大人たちを信頼していた。これは子ども自身が学校の日常での人と人のつながりを自らつくっていたから語れる言葉なのだ。今こそ，困っている子どもが安心して飛び込んでこられる「職員室」が地域の学校に必要なのである。

（2）「先生」から「人」に

　先生の仕事では，「先生」の看板を捨てることが必要な時もあることを知っ
てもらいたい。筆者は子どもが本当に困ってしまった時に相談してもらえる自
分だろうかと，常に自分に問いかけていた。子どもから見たら自分はどんな大
人に映っているだろうと考えるのだが，答えは出ない。子どもに教えてもらう
しかないのだ。「先生」として子どもの前にいる時は，子どもの声をどれだけ
受け止めよう，理解しようと思っても残念ながら「わかるけど……」「でもね
……」などと，「先生」としての言葉を出さなければと思ってしまい，子ども
の本音を最後まで聞かせてもらうことができない。ところが，一人の「人」と
して子どもの話す言葉を聞いていると，どんな言葉を聞いても丸ごと聞けるの
だ。これまでには，数えきれないくらいの困った子どもたちに出会ってきた。
その子どもたちが安心して困ったことを話してくれる時は「先生」の看板を捨
てている時だった。「先生」の看板を捨てて，一人の「人」として子どもがす
べてを話し終わるまで，何も言わずにただ横にいるだけだ。ただ黙って聞いて
いるだけだが，子どもは自分から案外答えを見つけていき，自分が間違ってい
ると思った時は自分からやり直しをすると言ったり，とことん居場所がなくな
っている時は「どうしたらいい？」って助けを求めてくる。そんな時は即答な
んてできない。何ができるかわからないが，その子が安心できるまでそばにい
る覚悟を持つだけでいいのだ。

　子どもは見えないところを見る達人だ。「人」として本音で向き合ってくれ
る大人を子どもは求めている。これから先生になる人たちには，「先生」であ
る前に「人」として子どもと対等に学び合う自分でいてもらいたい。

　これから教師になる人たちを待つ学校は，まだまだ従前の画一的な学校文化
を引きずっていることも予測される。そんな中で自分の行動に迷いを生じるこ
とも当然あるだろう。しかし，教師が見るのは目の前の子どもだ。子どもが安
心して学び合っている事実があるかどうかだ。

　ブレそうになったときはこの言葉を思い出してほしい。

「流れる水のごとく流れるのはいともたやすいが，流れに逆らって動くには困難を極める。あなたは，どちらを選びますか」

すべての子どもは「信頼」を裏切らない。

第5章

感染症禍下での人々と衛生インフラ

奥田修一郎

1　あらためて聞かれると

　1日に私たちは何リットルの上水を使っているのだろうか。2リットルのペットボトルにすると……，約140本である。そのうち，風呂水に約57本（40パーセント），トイレ約30本（21パーセント），炊事約25本（18パーセント），洗濯約21本（15%），洗顔・その他で約7本（6パーセント）を使っている。では，1日に出す下水の量は？　とあらためて聞かれるとどうだろうか。下水量を測るメーターはついていただろうか。ついてはいない。下水道の使用料金は，上水道の使用量を測る水道メーターの値で計算されている。使った水道量と同じ水の量だ。今度，領収書をよく見てみよう。

　ところで，下水は汚水（生活排水と工業排水）と雨水から成り立っている。家の屋根や敷地に降った雨が，建物周りの配水管を経て下水道に流れていく。それでは，雨水の料金は誰が支払っているのだろうか。また，下水道の役割というと，「アメニティ（快適な）の高い生活環境づくり」を思い浮かべるかもしれない。でも，他にもいろんな役割がある。どんなものがあるのだろうか。この章では，衛生インフラがどのように発達してきたのか，まず，その歴史と携わった人々から見ていく。次に，それを授業化するための教材・ネタづくりのポイントを明らかにしていく。

2　医学探偵，ジョン・スノウ

　はじめの登場人物はイギリス人の「疫学の父」と呼ばれるジョン・スノウ（1813〜1858年）である。

　「疫学」とは，感染症が広がる原因をアプローチする学問領域であるが，統計学とマッピングという分析ツールを駆使し科学的・論理的に感染拡大の原因に接近したのがスノウであった。彼は現在「コホート研究」と呼ばれている比較調査も行った。この研究法は疫学だけでなく，社会科学では，例えば「人生をまるごと追跡する研究」（ピアソン，2017）などにも応用されている。どんな方法だったのだろうか。

（1）コレラとは

　話はコレラから始まる。この感染症の病原菌は，汚染された水や食べ物（例えば，海産物）とともに飲み込まれると，腸管内で異常に増殖し，激しい下痢と嘔吐を引き起こす。そのため患者からは1時間に1リットル以上の水分と塩分が失われてしまい，脱水を治療しないで放置すると，死にいたることもあり，19世紀で致死率は50〜70パーセントにも達していた。

　日本に入った当初は，暴卒病，暴瀉病と言われていて，コレラに対して「虎列刺」の漢字が当てられた。しかし，人々の間ではコレラという語感に似ていることもあり，感染すると簡単に倒れるという意味で「コロリ」という病名が広まった。世界的大流行は，これまでに6回起こり，1961年から始まり現在も途上国を中心に世界的に継続している流行を，7回目の世界的流行と見る向きもある（加藤，2018）。

（2）感染に対する2つの考え方

　イギリスのロンドンの人口は，1801〜1901年の100年間に，80万から660万と急激に増えた。当然，飲料水が必要となり，いくつもの民間の水道会社が生ま

れた。それらの会社は、テムズ川の水を蒸気機関でくみ上げて各戸に供給していた。しかし、水道が普及したといっても、その水が汚いことから井戸水を好む人もいて井戸も残っていたのだ（井上、2020、45頁）。

　そんな19世紀のロンドンを4回コレラが襲った。当時、コレラは腐敗物から発生する有毒な気体「瘴気（ミアズマ）」によって起こるという考え方が一般的だった（瘴気説、または非直接感染説）。一方の考え方として、感染症は直接接触から広がるという直接感染説があった。

　ガスに詳しい麻酔科医のジョン・スノウには、コレラがミアズマという気体で起こるという説は納得できないものだった。彼は1849年、一冊の小冊子を出版し自分の仮説を説明する。第一に、コレラは患者から健康な人間にうつされる病気であること、第二に、コレラの「病毒」がなんであれ、この「病毒」は必ず消化管経由でヒトの体内に侵入すること、言い換えれば、コレラは口から飲み込まなければ病気にならない、というものだった（ヘンペル、2009、216頁）。しかし、この小冊子は無視された。スノウ自身も、この段階では単なる仮説でしかなく、確固たる科学的根拠が必要であることはわかっていたのだ。

（3）スノウの「大実験」（コホート研究）

　1854年にスノウの理論の正しさを証明する機会が訪れた。のちに「大実験」と知られるようになる機会とは、次のようなものだった。

　当時、水道の水源地は、住民300万人が流す下水道に近い下流域にあった。1848〜1849年はA社とB社はテムズ川下流から取水していたが、1852年にB社は移転し、テムズ川上流から取水するようになった。このことから、下水で汚染された水（テムズ川下流から取水するA社の水）を飲んでいる人々（A群）と、そうでない水（上流から取水するB社の水）を飲んでいる（B群）のあいだでコレラ死亡率を比較できるようになったのだ。

　この比較においては、A・B群のあいだで飲み水だけが異なり、他の条件は同じであることが理想的である。そのような地域を選んで比較した。しかし、死者が出た家が、A・B社どちらの水道会社から来た水を飲んでいるかはわか

らなかった。そのため，何週間も街中を歩き回り一軒一軒戸別訪問をして尋ねるのだが，住人は水道会社の名前すら覚えていなかった。しかし，スノウは水道会社２社の水の塩分含有量の違いに注目し，家々の水を小瓶に入れて蓋に住所を書き，家に帰って科学検査をすることで，区別をしていった。その結果，A社の水を使っていた住人は，B社を使っている住人の家より８～９倍死亡率が高かったことがわかったのである（ヘンペル，2009，247-268頁）。

　また，同じ年の夏，ロンドン・ブロード街でコレラが猛威をふるった。スノウは，コレラで死亡した人の住所を突き止め黒い棒線で地図に示していった。すると，一つの井戸が浮かび上がってきた。スノウはこの井戸が感染源ではないかと考え，死亡者がこの井戸の水を飲んでいた否かを調査し，生存者の事例と比べてみた。その結果，死亡者はある期間内に井戸の水を飲んでおり，一方，生存者は飲んでいなかったことがわかったのである。スノウの意見で井戸が封鎖されると，コレラは終息したのだった。ただ，スノウは「病毒」（病原体）がどのようにして井戸の水に混入したかについて直接の証拠は掴めていなかった。後の調査で，この井戸からわずか１メートルも離れていないところに汚物溜が設置されており，最初のコレラ患者の排泄物もこの汚物溜に破棄されたことがわかったのである。

　当時，細菌学はなく，パスツールの証明（腐敗菌は無から生ずるものではない）やコッホの発見（コレラ菌）はまだ先のことだった。だが，スノウは細菌のことを知らなくても論理的に考えることによって，コレラが「病毒」によって起こる病気であり，それがどのように広がるかも正しく推論したのだ。それだけでなく，公衆衛生に有用なたくさんの提言をしている。例えば，手洗い，飲料水の煮沸をすすめたことである。その後，「首都水道法」が制定され，上水道取水口はテムズ川上流にすること，水道原水を砂濾過することが定められた。1865～1875年には，下水道の放流口は下流にうつされ，その後コレラの大流行はなくなっていった。

3　日本での衛生インフラの整備

　続いて，コレラ感染が広がった明治時代の2人の細菌学者の働きから衛生インフラの発達を捉えてみたい。その2人とは，北里柴三郎と後藤新平だ。前者は小学校の社会科教科書で野口英世（北里のもとで研究をしていた）とともに取り扱われている。後者は東京都の副読本や道徳の教科書に登場する人物である。

（1）「コレラ感染拡大を阻止するには」——北里柴三郎の訴えた検疫制度

　日本では，コレラは幕末から明治時代にかけて，1822年，1858年，1862年，1879年，1886年など，数回にわたって大流行した。これは，世界的な大流行に日本が巻き込まれたからだが，1826～1837年の第二次パンデミックは免れている。これは，日本が鎖国状態にあったことによる。しかし，1858年の流行は，日米通商条約締結のためにやってきたミシシッピ号の乗組員がコレラに感染していたことがきっかけになった。このことからもわかるように，世界との通商がはじまったことで，世界的な流行が日本に及ぶようになる。

　では，明治時代に，なぜ感染が広範囲に拡大したのだろうか。これにはいくつもの要因がある（奥田，2020，8頁）。その一つが日本の検疫法に対して，外国公使らが治外法権論を持ち出して，日本の検疫規則を遵守しなかったことだ（脇村，2008）。北里柴三郎は，1887年ウィーンで開催された第6回万国衛生会議で，日本のコレラ制圧には，各国が日本の検疫制度を遵守することが必要だと訴えた（北里，2015）。ちなみに，北里が世界へと羽ばたくきっかけとなったのは，コレラの調査と研究であった。1885年に長崎で流行したコレラ調査で，コッホの論文を参照した北里はコレラの病原菌を分離し純粋に培養することに成功している。その翌年には，念願のドイツ留学を果たし，コッホのもとで研究に邁進するのであった。

　感染が拡大したもう一つの要因は，日本の衛生インフラが整備されていなかったことも大きい（内海，2016，92頁）。明治政府は，下水道に関して，1883

（明治16）年東京府に「水道溝渠等改良ノ儀」を示達し，これによりオランダ人ヨハネ・デ・レーケの指導のもと，レンガ積みの「神田下水」が着工された。しかし，この下水は資金不足のため2年間で中断し，下水事業はいったん挫折する（高堂，2012）。

（2）塩素消毒を推進した後藤新平

　一方，上水道については，濾過した水を消毒したあと，ポンプで送水する近代水道が，1877（明治10）年横浜に誕生する。その後，大阪市1895（明治28）年，東京市1898（明治31）年など，全国の都市に同様の設備が作られていく。この間に，塩素消毒の導入などによって，コレラや赤痢をはじめとする感染症患者と乳児死亡率は急激に減少していくことなる。この塩素がはじめて飲料水の消毒に使われたのは，1890年代末のイギリスだが，日本では1921年の東京市が最初である。塩素消毒を推進したのは東京市長の後藤新平だった（竹村，2003，111～129頁）。後藤は細菌学者で北里の親友でもあり，コレラ菌を発見したコッホのところへ，多額の借金をして自費留学していた。また，日清戦争後の帰還兵23万人に対して，広島で不眠不休の検疫業務を行ったのも後藤であった（山岡，2007）。

（3）ペスト流行と日本初の下水道法

　コレラのほかに，著名な感染症としてペストがある。歴史上，ペストの世界的大流行は3回あり，その3回目の流行は1860年代に中国で発生し，その後アジア各地に広がっていった。そんななか，1894年に北里は感染が広がる香港でペスト菌を発見する。1899年にそのペストが日本にもついに上陸し，初の死者を出しながら西日本から東日本へと流行は広がっていった。

　ペストを引き起こす病原体はペスト菌と呼ばれる細菌である。ノミが媒介動物で，ペスト菌に感染したネズミなどを吸血したのち，人を吸血すると感染する。また，患者の咳やくしゃみの飛沫からも感染する（ヘンペル，2020，135頁）。感染が広がるなか，当時内務省の官僚であった後藤が法案を起草した下水道法

が誕生する。その目的は「土地の清潔」にあった。というのも，ペスト菌の運び屋は感染したネズミとノミであり，不衛生な都市は，運び屋の絶好の生息場所になるからだった。

（4）下水道の役割の変化

1958（昭和33）年になって，新下水道法が制定された。目的は「都市の健全な発達」と「公衆衛生の向上」と規定されていた。

しかし，その後，公害問題が深刻になり，川や海の汚染への対策が求められるようになり，1970（昭和45）年には新下水道法が改正され，「公共用水域の水質の保全」という役割が加えられた。その後も，省エネ・リサイクル社会の到来という背景のもと，「下水道資源の有効利用」が，また，潤いのある空間への関心の高まりの背景から，「望ましい水循環・水環境の創出」が唱えられた。さらに，近年都市型水害が頻繁に起き，安全・安心へのニーズの高まりやさらなる水質改善が求められるようになって，「都市浸水対策の強化」「広域的な雨水排除」「広域的な高度処理の推進」といった役割がそれぞれ付け加えられるようになった。

さらに，2015（平成27）年の改正では，いっそうの浸水対策と再生可能エネルギーの利用推進が打ち出された。[3]

4　授業化するために

ここからは，下水道についての学びをすすめるために，何を調べどんな観点（見方，考え方）で整理していけばいいかを考えていきたい。

（1）学習指導要領や教科書の位置づけと他教科とのリンク

下水道についての学習は，小学校4年「人々の健康や生活環境を支える事業」という大単元（24時間前後配当）の学習内容である。

教科書を見ると，中単元「水はどこから」という探究課題の中で，1時間ほ

ど下水の処理，水の再利用について学ぶようになっている。中単元「ごみのしょり利用」では，ごみ処理や清掃工場，リサイクルといったことが知識・理解の中心であり，下水については深められる時間は少ない。なお，学習指導要領解説では，「ごみや下水などの廃棄物を処理する事業は，地域の生活環境に配慮しながら廃棄物を安全かつ衛生的に処理していることや，廃棄物を処理する事業は，生活環境の維持と向上に役立っていることを理解すること」が求められている。このことから，下水道学習を授業化するためには，指導時間や単元構成を工夫し，他教科（理科など）での学びとリンクさせながらすすめていきたい。

（2）活きた授業をつくるために

1）　歩　く

　家での水の使用量や使い方からはじめて，排水はどこへいくのかをたどっていきたい。家やマンションのハンドホールやマンホールがどこにあるのか，排水は道のどこに流れていっているのか。マンホールを見ると，「汚水」と「雨水」があるが（ない場合もある），2つのマンホールには違いがある。それは何か。マンホールの蓋を追っていくと，市のマークではなく府のマークのものが現れる。これはなぜだろうか。それぞれの地域の下水管の最初はどこで，何を利用して流れているのか。そんな疑問を持ちながら歩き調べていく。

2）　事前に

　近くの水再生センターの事前見学は外せない。まず，センターの立地条件を考えてみる。処理した水を放流できる河川や海がある場所，下水を処理しやすい場所などさまざまだが，集中豪雨が近年起こる中，浸水被害が起こりにくいというのも大きな条件になっているという。

　下水処理施設は基本的には，「沈砂池」（下水の中にある大きなゴミを取り除き，砂や土を沈殿させる。合流式下水道だと大きなモノとして自転車が流れてくることもあるとのこと）⇒「第一（最初）沈殿池」（沈砂池で沈まなかった汚れを2〜3時間か

けて沈ませる）⇒「反応槽」（活性汚泥を使って下水の汚れを浄化する。活性汚泥とは細菌類や原生動物などが大量に生育している褐色の泥のこと）⇒「第二（最終）沈殿池」（反応槽でできた汚泥を沈ませて取り除く）⇒「高度処理施設」（窒素やリンを砂濾過法や生物膜濾過法，Ａ２Ｏ法などで取り除く）⇒「塩素接触槽」（処理した水を塩素で消毒する）⇒放流，再生水へ，という流れになっている。これらの施設の多くは地下に作られているため，地上部はスポーツ広場になっていたり，太陽光発電プラントになっていたりする。なお，再生水の一部は修景施設の中を流れるようになっており，住民のための憩いの場になるようにされている所が多い。

　ところで取り除かれた汚泥は有効利用や再資源化するために処理施設（スラッジセンター）で処理される。汚泥をそのまま流すと，川や海が汚れるので，泥の水分を飛ばし焼いて灰や溶解スラグにされる。それらは，埋め立て材に利用されている。

　3）　取材する

　施設だけでなく，センターで働く人に取材をしたい。処理センターは24時間，365日眠らない。司令塔ともいえる「中央監視室」では，交代勤務で下水施設の運転管理をしている。また，郊外にある下水ポンプ場も遠隔操作ができるようになっており，設備が故障した時には職員が現場にすぐに駆けつける。他には，毎日の保守点検作業や反応槽の水質管理も大切な業務だ。できれば，センター周辺の商業施設も取材したい。そこでは，再生水を利用した取り組みをしているところもある。

　4）　「下水道の今」という視点

　3節（4）で述べたように，下水道の役割は変化してきている。気候変動により，短期間強雨発生回数（1時間50ミリ以上）の増加が特徴的だ。最近10年間（2010～2019年）の各年の平均回数は約327回で，統計期間の最初の10年間（1976～1985年）の平均回数約226回と比べて約1.4倍に増加している。[4]下水道

では，1時間50ミリの降雨に対応できるよう施設整備を行っているが，それ以上の降雨に対応できるよう，雨水調整池（例えば，堺市では土居川公園の地下にある南向陽調整池）や放水路（例えば，なにわ大放水路）などの整備をすすめている。

2014（平成26）年度に「水循環法」が制定されたこともあり，再生水をせせらぎ用水，河川維持用水，トイレの洗浄水，芝生への散水などに利用することや，再生水の温度と外気温の差をエネルギーに変え，給湯や空調に利用する取り組みも進んでいる（例えば，堺鉄砲町にある大型商業施設）。また，大規模災害時に衛生インフラ機能を確保するための一つとして，避難所となる小中学校に「マンホールトイレ」が整備されていっている。これらの学習は，単元「自然災害から人々を守る活動」と関連させ，学習を進めたい。

（3）総合的な学習の時間や6年生社会科でも

衛生インフラの授業は，「水資源の循環」という視点や「SDGs」（持続可能な開発目標）の観点からの学習へと広げると社会科の授業時間の中だけではおさまらない。総合の時間を軸としたカリキュラム・デザインがもとめられる。実際，総合学習のテーマとして実践されているケースが多い。例えば「水資源」のことでは，地域のため池や地域に伝わる水文化，水害の歴史などの調査，「SDGs」では目標6「安全な水とトイレを世界中に」をふまえながら，衛生という観点から世界の現状をまずつかむ。例えば，WHOによれば世界の54パーセント，約42億人が安全で整備されたトイレ，公衆衛生環境に置かれていない。また，汚染水が改善されれば，入院患者が半減する（シム，2019）という現状だ。次に，自分たちができることで，目標6.3（水質の改善），目標6.6（地域コミュニティの参加）ということも学習の柱としていく。

6年生の社会科では豊臣秀吉を必ず学習する。大阪城築城に伴い秀吉はまちづくりを行った。この時，道路の整備と同時に町家から排出される下水を流す下水溝が建設された。これが太閤（背割）下水というもので，改良を加えられながら，現在でも使用されている（見学も可能）。また，6年生では「国や地方公共団体の政治」の取り組みについて児童の関心や地域実態に応じて，具体的

に調べられるようにテーマを設定する必要があるが，その一つに老朽化する社会資本，とくに衛生インフラにもふれておきたい。国土交通省によれば耐用年数は，道路・港湾・治水など長いもので50年，下水道は15年とされている。これを維持・更新していくための費用は2044年には社会保障費に次ぐ第二の予算規模になるという（諸富，2018）。人口減少・過疎化が進む市町村では，上下水道の使用料収入の減少から，事業運営のための資金が不足し，運営・維持管理などが難しくなることが指摘されている。自分の町の会計はどうなっているのか，今後どんな見通しなのかを考える学習も設定できる。

5　大人の校外学習ツアー

　社会科の授業をつくるには，まず本や資料で大まかなことを掴んだら，現地に足を運んでみよう。はじめは自分企画の校外学習ツアー気分で出かけよう。大人の目線からだと，生徒だった頃とはちがったモノ・コトが見えてくるはずだ。時にはスノウのように謎解きの探偵気分で，ある時にはツアーコンダクターや引率者の立場になったつもりで見学してみる。そこで働いている人からの話をしっかり聞くことも必要だ。今回，これを書くにあたって取材をさせて(5)もらい，「下水道の魅力を伝えたい」という取り組みをはじめて知るとともに，働く人の思いにふれることができた。そんな思いが伝わる授業を目指したいものだ。

注

(1)　国土交通省（2019）「令和元年度版，日本の水資源の現状」によれば2016年度は283.7リットルであった。ちなみにWHOが定めた一日に最低限必要な水の量は50リットルである。

(2)　東京都水道局「平成27年度一般家庭水使用目的別実態調査」より。

(3)　国土交通省「下水道の役割」（https://www.mlit.go.jp/mizukokudo/sewerage/mizukokudo_sewerage_tk_000601.html）。

(4)　気象庁「気候変動監視レポート　2019年」令和2年より。ただし，大雨や短時間

強雨の発生回数は年々変動が大きく，長期的傾向を確実に捉えるためには，今後の
データの蓄積が必要であるとも述べられている。

(5)　取材させていただいたのは，狭山水みらいセンター，舞洲スラッジセンター，大
阪市都市技術センター（太閤下水），イオンモール堺鉄砲町（現地取材），京都市上
下水道局下水道事業（電話と手紙）（微生物カードや下水道の魅力を伝えるポス
ターづくりをしている）である。この場を借りてお礼を申し上げたい。

引用文献

井上栄『感染症　増補版』中公新書，2020年。

内海孝『感染症の近代史』山川出版社，2016年。

奥田修一郎「小中学校の歴史学習単元開発」関西教職教育研究会『関西教職教育研
究』第8号，2020年。

加藤茂孝『続・人類と感染症の歴史』丸善出版，2018年。

北里柴三郎「日本におけるコレラ（1887年）」林志津恵訳，『北里大学一般教育紀要』
（20）2015年，167-173頁。

シム，ジャック『トイレは世界を救う』近藤奈香訳，PHP新書，2019年。

高堂彰二『トコトンやさしい　下水道の本』日刊工業新聞社，2012年。

竹村公太郎『日本文明の謎を解く』清流出版，2003年。

ピアソン，ヘレン『ライフ・プロジェクト』太田直子訳，みすず書房，2017年。

ヘンペル，サンドラ『医学探偵　ジョン・スノウ』杉森裕樹他訳，日本評論社，2009
年。

———『パンデミック・マップ』関谷冬華訳，日経ナショナルジオグラフィック社，
2020年。

諸富徹『人口減少時代の都市』中公新書，2018年。

山岡淳一郎『後藤新平　日本の羅針盤となった男』草思社，2007年。

脇村孝平「国際保健の誕生——19世紀におけるコレラ・パンデミック」遠藤乾編『グ
ローバル・ガバナンスの最前線』東進堂，2008年。

第6章

これからの時代に学童保育が担う役割
──子どもが主体的生活者となる環境をつくる

松本 歩子

1 現代社会における学童保育

（1）コロナ禍で注目を集めた「学童保育」

2020年2月27日（木）。新型コロナウイルス感染拡大により，突如，日本政府より全国すべての小中高等学校及び特別支援学校に対して，3月2日（月）から春休みまで臨時休校を行う要請がなされた。突然の発表に，働く保護者らを中心とした社会全体が困惑する中，保育ニーズに応えるため「学童保育」は原則開所を求めるという方針が合わせて示されたことから，これまで十分には注目されてこなかった「学童保育」に，にわかに光が当てられた。小学校が休みの中，開所する学童保育の様子が連日報道されるなど，「学童保育」が社会の機能を維持していく上で必要不可欠な施設であるという認識が高まった。そして，そこで働く学童保育指導員（以下，指導員）は医療従事者や生活必需品販売者らとともに，「エッセンシャルワーカー（必要不可欠な労働者）」と呼ばれ尊ばれるようになった。

しかし，「学童保育」に対するこのような認識には，大切な視点が抜け落ちているような気がしてならない。本章では，本書を手に取られたみなさんとともに，これからの時代に求められる学童保育とは何か，また，子どもの教育・福祉に携わる大人にはどのような専門性が必要かを考えたい。

（2）学童保育に対する認知度の変化

「道を歩いている人に『学童保育って何ですか』と尋ねて，正しく答えられ

る人はどの位いるでしょうか」。

　大塚・西元（1970年）らの著書『あめんぼクラブの子どもたち——学童保育の指導と運動』の一節である。「恐らく10人に１人もいないでしょう」という言葉が続く。この書籍が出版された1970年当時は，まだ学童保育は全国で1000カ所にも満たず，地域で利用する者も限られていた。そのため「学童保育」という言葉さえ関係者以外には浸透しておらず，存在自体を知らないがゆえに「正しく」答えられる人がほとんどいない時代であった。

　しかし，それから50年を経た今，道ゆく人に同じ質問をしたらどんな答えが返ってくるだろうか。今や学童保育の数は２万5881カ所（2019年・厚生労働省）に達し，小学校の数をも上回る。10人中10人とまではいかなくとも，ほとんどの人たちが今，「学童保育」という言葉を知っており，「学童保育とは何か」に対する答えを多かれ少なかれ持っているだろう。では，それはどんな答えだろうか。

（3）一般的な学童保育のイメージ

　「親が働いている間，放課後に小学生の子どもを預ける場所」，「共働き家庭やひとり親家庭が仕事と子育てを両立するための施設」のように，その回答の多くに，「子どもを預ける」や「仕事と子育ての両立」といったキーワードが含まれるのではないだろうか。実際，「保育園を卒園したあと，子どもを預かってもらう施設があって本当に安心しました」，「うちは共働きだけれど，おばあちゃんの家で預かってもらえるから学童保育は必要ない」という文脈で保護者が学童保育について語る場面は多い。また，コロナ禍で「社会機能を維持していく上で必要不可欠な施設」というイメージも定着しつつあるだろう。

　しかし，残念ながらいずれも，「大人（保護者や指導員）」の視点からの回答であり，大切な視点が欠けてしまっている。

（4）学童保育の３つの役割

　つまるところ学童保育とは何か。2015年に策定された学童保育の運営指針

「放課後児童クラブ運営指針（以下，運営指針）」では，第1章総則「放課後児童健全育成事業の役割」において，次の3つが学童保育の役割として示されている。なお，本章で扱う「学童保育」という用語は長年の歴史の中で社会一般に浸透し使用されてきた呼称であり，正式名称は1998年に児童福祉法に位置付けられた「放課後児童健全育成事業」である。また，その事業を行う場所は公的には「放課後児童クラブ」と呼ばれている。

　　放課後児童健全育成事業（学童保育）は，……小学校に就学している子どもであって保護者が労働等により昼間家庭にいないものに，授業の終了後に……

　　①適切な遊び及び生活の場を与え，子どもの状況や発達段階を踏まえながらその健全な育成を図る事業である。
　　②児童の権利に関する条例に基づき，子どもの最善の利益を考慮して育成支援を推進することに努めなければならない。
　　③学校や地域の様々な社会資源との連携を図りながら，保護者と連携して育成支援を行うとともに，その家庭の子育てを支援する役割を担う。

　学童保育の一般的なイメージでは③の「家庭の子育てを支援する」という視点で認識される傾向にあるが，実際には学童保育では子どもの育ちに関わる役割が大きな位置を占める。とくに②の「子どもの最善の利益」という言葉は，大人の利益が子どもの利益よりも優先されてはならないことの重要性を表した表現であり，学童保育が，保護者の都合で子どもを預ける場所であったり，指導員の都合で活動を無理強いしたりする場所であってはならないことが示されている。
　また運営指針では「放課後児童クラブの社会的責任」として「放課後児童クラブは子どもの人権に十分配慮するとともに，子ども一人ひとりの人格を尊重して育成支援を行い，子どもに影響のある事柄に関して，子どもが意見を述べ，参加することを保障する必要がある」ことも示されている。

　つまり，学童保育において大切な視点は，子どもを主体とし，子どもの人格を尊重する視点である。学童保育は決して働いている保護者の子どもを，ただ預かっているだけの場所ではなく，子どもらが主体となって自ら遊びや生活をつくる場所なのである。

　先日出会った，１年生の保護者は，「今日は私，仕事お休みで息子と一緒に過ごそうと思ったのに，『友達と遊びたいから，"がくどう（学童保育）"に行く！』っていうねん」と少し残念そうに，でもどこか嬉しそうに指導員に話されていた。それを聞いた指導員も「そうやったんや～」と少し申し訳なさそうに答えながらも，にんまりした表情。その子にとって学童保育が自らの意思で行きたいと思える場所になっていることの喜びを保護者と指導員が共に感じている様子が見てとれる光景であった。

　「学童保育」の主人公は仕事をしているお父さんやお母さんではなく，自分。自分が行きたいから行くところなんだ！　と表現できる子どもと，その思いを受け止められる大人たち。

　まさに，このような「子どもたちを主体とした環境」こそが，真の学童保育なのである。しかし，はたして今，このコロナ禍でそのことを理解し，実践できている「学童保育」は日本中にどれくらいあるだろうか。

2　コロナ禍で見えてきた子どもの権利への意識格差

（1）コロナ禍で学童保育の置かれた環境

　2020年２月28日夕刻。政府は「この１，２週間が極めて重要である」として，新型コロナウイルス感染拡大を食い止めるため，全国の学校に臨時休校を行うよう要請した。突然の内容に，社会は混乱をきたしたものの，新型コロナウイルスの特徴や傾向等の把握も難しかった当時，「何よりも，子どもたちの健康・安全を第一に考え，多くの子どもたちや教職員が，日常的に長時間集まることによる感染リスクにあらかじめ備える観点」から判断したという首相の説明に，子どもの命の危機を感じ，子どもの命を守ることを最優先するためであ

れば，休校判断もやむを得ないと捉えた大人も多かったように思う。

　臨時休校を受け，学童保育には，「特に小学校低学年の子どもは留守番をすることが困難な場合があると考えられることから，感染の予防に留意した上で，原則として開所」という要請が出されたことから，午前中から開所に向けた指導員たちの準備が始まった。普段，学校がある平日は午後のみ開所していた学童保育を，週明けから毎日午前中も開所するため，指導員体制の調整が急ピッチに進められた。全国的にみても正規職員が配置されている施設はわずかで，非常勤職員だけで構成されている施設が大半であり，かつ慢性的な指導員不足が問題視されていた学童保育現場において，シフトの調整は困難を極めた。結果，朝から夜まで毎日11時間以上の長時間労働を受け入れるしかない状況下に置かれた指導員も多数，存在することとなった。

　また，「感染の予防に留意した上での開所」が要請されていたものの，マスクや消毒液といった衛生備品がない施設も多かった。そして，もともと国が示す児童一人当たりの面積基準が畳1畳分（1.65㎡）と，学校や保育所よりも狭い基準で，子ども同士十分にソーシャルディスタンスを保つだけの空間がなく，かつ普段，顔を寄せ合ったり，じゃれ合ったりして遊ぶ子どもたちを，どうすれば感染のリスクから守れるのか，情報も不足する中，指導員は悩みながら手探りで保育をスタートさせた。

（2）コロナ禍で実施された大人主導の学童保育

　「今思うと大げさだったかなと思うけれど，あの時は，自分にも余裕がなくって，もし学童の子どもが感染して死んでしまったら……という不安に駆られ，マスクをしていない子を厳しく叱ったり，間隔をあけるよう何度も注意をしてしまった。」

　「子どもの気持ちに寄り添うことができていなかった。……学童を辞めてしまった子もいる。……もっと子どもの声に耳を傾けたいと改めて思う。」

　これは，先日，ある指導員が当時を振り返って無念そうに語った言葉である。未曽有の事態で運営者や指導員らも感染への不安が高まるあまり，子どもた

ちに決まった席から動かないよう指示し，1日中，読書や塗り絵などをして過ごさせた施設や，友達と遊ぶことも会話することも一切禁止した施設，消毒が困難なため，いつものおもちゃを隠して遊べないようにした施設，鬼ごっこなど相手に触れる屋外遊びも禁止にした施設など，全国各地で子どもたちの活動にさまざまな制限を設けながら開所する学童保育が見られた。そこでは，子どもたちの「楽しくない」「もう行きたくない」「〇〇で遊びたい」という意見を耳にしても「感染予防のためだから今はしょうがない」，「あなたたちや家族の命を守るためやむを得ないのだ」と，子どもたちのためという名目の下，実際には子どもの気持ちは置き去りにされた。このようにして大人が主導する形で学童保育でのルールや環境づくりが進められていった現場が多数存在したのである。

（3）子どもたちが生活をつくるということを貫いた学童保育実践

　しかし，緊急時であっても「子どもたちが生活の主体者」であるという軸をぶれさせずに，学童保育実践に果敢に挑戦した指導員たちの姿もまた存在した。
　ある学童保育では，臨時休校下での受け入れに当たって「子どもたちが自分たちで考えられる素地を作ろう」という観点から，まず，世の中にあふれる新型コロナに関する情報を精査したうえで，子どもたちを取り巻いている新型コロナ関連の出来事について，子どもたちにもわかる言葉で共有することからスタートした。つばや咳で人に感染すること，小学生は感染しても風邪くらいですんでいる人がほとんどだけれど，高齢者やもともと病気のある人が感染すると命をおとすこともあるため，まわりの人のためにも一人ひとりが感染しないように気を付ける必要があること，感染を防ぐためには石鹸での手洗いやマスク，日々の健康確認が重要であることなどについて，一緒に学習する機会を持った。
　新型コロナウイルスに対しての学習を経た子どもたちは，早速意欲満々な姿で，しっかり手洗いすることを促すためのポスターを自分たちで作成したり，おやつのときにソーシャルディスタンスを意識した座り方をするには座卓を何

個出す必要があるかを仲間と相談したり，手の洗い方やマスクのずれなどが気になる時には子ども同士で声を掛け合ったりという姿が見られた。

　自分たちの学童保育の生活を安全に過ごすためにどうすればよいかを自分たちで考え始め，遊びにおいてもソーシャルディスタンスを確保するために，室内では距離を保ったまま遊べるダンスをいろいろと試して楽しんだり，屋外では人に触れないでできる鬼ごっことしてボール鬼の遊びなどが子どもたちの中から提案されたりもした。

　もちろん指導員は時にきっかけを作ったり，子どもたちと意見を交わしたりしながら生活づくりに一緒に関わった。普段から主体的に生活をつくってきた子どもたちであり，自分たちで考え行動できるということに信頼を寄せ，「子どもたちが生活をつくる」ということを変わらぬ大切な軸とした中で1日保育を進めることで，先述のように，大人が決めたルールで子どもたちを制限しなくとも，見えないコロナウイルスというものを想像しながら，豊かな発想力を持ちよって，より安全で豊かな生活を考える子どもたちの姿を引き出すことを可能とした。

（4）学童保育の居場所を奪われた子どもたち

　一方，コロナ禍の，臨時休校期間中，保護者が家にいるなどで，家庭で過ごすことができる子どもには，感染予防の観点から学童保育の利用自粛が促された。そのため，本当はいつものように学童保育で友達と遊びたいという思いを持ちながらも我慢を強いられていた子どもたちもいた。

　利用自粛となった子どもたちに対しても，学童保育が継続した心の居場所として位置づくようにと，学童保育と自粛中の児童らの自宅をオンラインでつなぎ，一緒に会話をしたり遊んだりする機会を作った施設や，自粛中の児童の自宅に折り紙を配って，学童保育に来ている子との共同作品作りに取り組んだ施設もあった。しかし，このように，利用自粛家庭の子どもたちをつなぐ取り組みをしていた学童保育であっても，学校が通常再開された後，利用自粛していた子どもたちに精神的な不安定さを感じるという報告が複数耳に入ってきた。

　子どもたちに意見を聞くこともなく，十分な説明も行わず大人の都合と判断で突然，仲間を分断させてしまう状況を作り出してしまったことの課題を指導員たちは感じていた。

3　今こそ，学童保育から発信したいこと

（1）子どもの権利条約に基づいた視点を教育現場に

　フィンランドやノルウェーでは，新型コロナウイルスに対して子どももストレスや不安を溜めはじめていることを踏まえ，首相と担当大臣らが子どもに向けた記者会見を開いたことが「児童の権利に関する条約（Convention on the Rights of the Child, 以下，子どもの権利条約）」に基づく大切な行為だと国際的にも話題となった。この場合「子どもの権利条約」のとくに「身体的，心理的，精神的，道徳的および社会的発達のために十分な生活水準に対するすべての子どもの権利（第27条：生活水準に対する権利）」や「休息しかつ余暇を持つ権利，その年齢にふさわしい遊び及びリクリエーション的活動を行う権利，ならびに文化的生活および芸術に自由に参加する権利（第31条：休息・余暇，遊び，文化的・芸術的生活への参加）」，「その子どもに影響を与えるすべての事柄について自由に自己の見解を表明する権利（第12条：意見表明権）」という「子どもの権利保障・権利擁護」と「子どもの能力の発達と一致する方法で適当な指示および指導を行う責任，権利及び義務を尊重する（第5条：親の指導の尊重）」という「大人の責任・権利・義務」を踏まえた対応と言える。

　「子どもの権利条約」は1989年に国連で採択され，日本も1994年にようやく批准した。増山（2018）は，子どもの権利条約と日本の児童福祉・教育との関連性について，「児童福祉分野では子どもの権利条約の規定とその精神が積極的に位置づけられるようになった」とし，とくに，運営指針を踏まえ「学童保育分野では国際的潮流の最先端に立つ子どもの権利条約の精神と規定が明確に位置づけられており，現代日本社会における子どもの生活づくり，子ども期の充実にむけて，先進的・先駆的役割を担っている」と評価する一方，「日本の

学校教育分野では，子どもの発言権を重視し，子どもを権利主体として承認する『子どもの権利条約』の位置づけには消極的」と指摘する。

　新学習指導要領においては児童の主体的・対話的で深い学びが軸として位置づけられているが，学校教育の現場では，〇〇スタンダードなどといった形で教員の仕事がマニュアル化され，子どもの実態や意見に柔軟に対応する視点が薄れてきている。今回のコロナ禍においても，政府から一方的に「一斉休校」が通知されただけであり，子どもを権利主体として捉える視点の乏しさが浮き彫りとなった。

（2）子どもの権利保障を軸に非認知能力を育む

　本章で紹介した学童保育に位置づく子どもを主体とした活動は，意見表明権など子どもの権利を保障した活動であるが，これらは単に子どもの権利を守るという状況を作り出すだけに留まらず，子どもたちに生きる上でのさまざまな力を育成することにもつながる。

　中山（2020）は先が読めない時代を生き抜くためには，テストでは測れない能力＝「非認知能力」こそ伸ばすべき力であるとして「自分と向き合う力」「自分を高める力」「他者とつながる力」の3つの枠組みから非認知能力を整理しているが，例えば，第2節（3）で紹介した学童保育実践を一つ取りあげてもその過程において，コロナ禍で自分たちの普段の生活を見直し（自分と向き合う力），適応できる生活を意欲をもって考え（自分を高める力），仲間と共に行動する（他者とつながる力）という多方面から非認知能力を伸ばす機会が位置づけられているのである。決して特別なプログラムを用意し，子どもたちに非認知能力をつけさせるわけではなく，普段の生活の中で，子どもたちが自ら非認知能力を伸ばせる環境が学童保育において，今後ますます求められてくるであろう。

（3）子どもたちを主体的な生活者として支援し育てる先生に

　本章では，子どもたちが主体的な生活者となるよう支援する役割を学童保育

指導員が担っていることについて事例を交えて紹介してきた。なお，筆者が本学で担当する家庭科教育も，子どもたちに主体的な生活者として科学的視点からよりよい生活を追求する力と感性を育てる役割がある点で共通する部分は多い。

　子どもたちを主体的な生活者となるよう支援する環境は，学童保育のような地域の一施設や，学校教育の一教科の専門性としてのみで完結するのではなく，子どもたちの教育・福祉に携わる大人たちが，これからの時代を生きる子どもたちのために，手を取り合ってともに整えていくことが望まれる。

　高野山大学で学ぶ皆さんには，ぜひ大人主体のマニュアル的思考ではなく，子どもたちを主体とし，子どもたちの姿を軸に自然科学および社会科学的な幅広い視野をもって支援・指導できる先生になっていただきたいと考える。

　そのため，ハウツーでは学べない真の学びを，高野山大学のカリキュラムで深められることを期待する。

引用・参考文献

楠凡之・岡花祈一郎・学童保育協会編『遊びをつくる，生活をつくる。――学童保育にできること』かもがわ出版，2017年。

厚生労働省『放課後児童クラブ運営指針解説書』フレーベル館，2017年。

中山芳一『家庭，学校，職場で生かせる！自分と相手の非認知能力を伸ばすコツ』東京書籍，2020年。

西元昭夫「学童保育の中の日本」大塚達男・西元昭夫編『あめんぼクラブの子どもたち――学童保育の指導と運動』鳩の森書房，1970年。

増山均「学童保育における子どもの「生活づくり」とは何か」『学童保育研究』19，かもがわ出版，2018年。

第7章

産業界から見た大学教育の課題

帯野久美子

1 経済界が求める大学教育

(1)関西経済同友会の提言

　一般社団法人関西経済同友会が，大学改革委員会を立ち上げたのは2008年6月のことであった。経済同友会は提言団体で，時の社会情勢に応じて国や自治体に提言を出す活動を行っている。

　当時国内では，前年秋に安倍首相が突然辞任。参院選で自民党が歴史的敗北を喫すなど政治は混迷を深めていた。また産業界では食肉偽装問題が発覚し，企業の信頼が揺らいでいた。一方世界経済は，アメリカでサブプライムローンの焦げ付きが多発したことから金融市場が大きく動揺。その後のリーマンショックにつながっていく。社会は閉塞感に満ちていた。

　このような状況下，関西経済同友会は日本の存在感の低下，関西の競争力の低下，企業の信用力の低下に強い危機感を持ち，国，関西，企業の「次なる成長ステージの指針を示す」ことを基本方針として立てていた。

　教育については，外交，安全保障，財政，社会保障と並ぶ国の根幹に関わる課題として取り上げ，大学改革委員会を新設した。その根底には「なぜ大学は企業が求める人材を輩出できないのか」という問題意識があった。

(2)経済人の意識

　他に引き受け手がなかったのか，大学改革委員会の委員長は筆者が務めることになった。しかし自分にとって教育問題は最も関心の低い分野で，ましてや

大学など卒業してから振り返ったこともない。そこで，まずはメンバーがどのような意識をもっているかを聞いてみることにした。委員会で出された意見は次の二つに大きく集約される。

○求めているのは，高度な専門学力ではなく「幅広い教養，課題発見や解決能力」「コミュニケーション能力や責任感，使命感」「学習能力」など社会的力であること
　　・考える力，とんがった発想ができる人材をとりたい
　　・採用において重視しているのは，コミュニケーション能力，協調性，主体性，加えて「使命感」
　　・社会人としての，モラル，倫理観，論理的思考
　　・後伸びする力があるかどうか
　　・身につけてほしいのは，学力ではなく学習力
○大学に対しては，「教育よりも研究を重視している」「他の高等教育機関との違いが不明確」「特長がつかみにくい」「意識改革，組織改革ができていない」など，危機意識をもっている
　　・私学は研究よりも教育に重点を置くべき
　　・学生ファーストになっていない
　　・大学と専門学校，大学間の棲み分けが必要
　　・「普遍的な基礎学力」というものはない。だからミッションをはっきりさせるべき
　　・学外の世界を知らない。それゆえに指導内容が時代とマッチしていない
　　・教授会が卒業判定をするがその判定の仕方は実に不透明

（3）大学教員の意識

　このような産業界の要求に比して，大学教員がどのような意識をもっているのか，2007年度に社団法人私立大学情報教育協会が実施したアンケート調査を

図7-1　授業で直面している問題点「学生に関する問題」

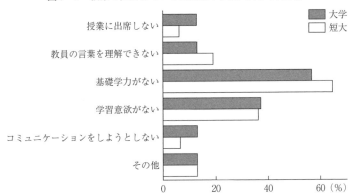

図7-2　授業で直面している問題点「教員に関する問題」

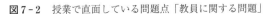
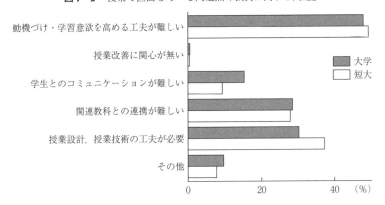

参考に調べた。

　まず「授業で直面している問題点」のうち「学生に関する問題」では，6割近い教員が「基礎学力がない」ことを問題視し，また約4割近い教員が「学習意欲がない」と指摘していた（図7-1）。「教員に関する問題」では，約半数の教員が「学習意欲を喚起する動機づけの工夫の困難性」と，3割の教員がそれを効果的に実現するための「授業設計・授業技術の工夫を行う必要性」を挙げている（図7-2）。

　「大学に関する問題」では，「教育の質の保証に対する危機意識が低い」が3

図7-3　授業で直面している問題点「大学に関する問題」

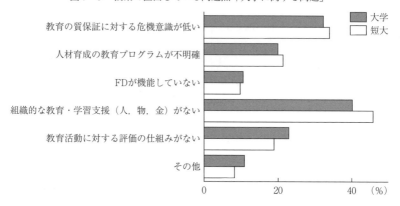

図7-4　授業改善に向けた課題「大学で取り組むべき課題」

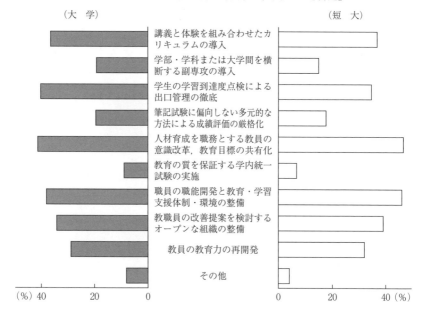

割強，「組織的な教育・学習支援がない」が約4割を占め，教育の質の向上に向けた組織的な取り組みに対する意識が低いことがうかがえた（図7-3）。

　次に「授業改善に向けた課題」のうち「大学として取り組むべき課題」については，4割の教員が「人材育成を職務とする教員の意識改革，教育目標の共有化」，「学生の学習到達度点検による出口管理の徹底」と答えている（図7-4）。

　以上のアンケート結果から，学生の変化に合わせた教育実践の見直しが個々の教員任せになっており，組織的な支援体制の充実が求められていることが明らかになった。

（4）大学の意識

　次に大学は企業や社会にどう向き合っていこうとしているのか，その認識を調査するために前述の調査に回答した大学のうち，医科・歯科大学を除く関西圏の四年制大学70校，および国公立大学10校のホームページを閲覧し，以下の6項目を基準にどの程度情報を開示しているかを調べた。

　1．大学のポリシー（教育目標・人材育成像）が示されているか

　2．学部のポリシー（教育目標・人材育成像）が示されているか

　3．教育の成果（最新かつ単年度の進路就職決定先）が示せているか

　4．学生の受け入れ実態（学生定員と実入学者数，実在籍者数）が示せているか

　5．企業/社会との連携活動（全学的インターンシップやボランティア活動，キャリア教育プログラム）が示されているか

　6．企業向けバナーがあるか

　調査結果から，4項目以上を満たしている大学はゼロで，ほとんどの大学では2項目以下しか項目を満たしていないなど，企業や社会に対する情報開示の意識が総じて低いことが明らかになった（図7-5）。

　6つの項目のうち，最も重要視したのは項目1・2の大学/学部のポリシーであるが，具体的でわかりやすく検証可能な形で情報開示している大学は全体

図7-5　大学の得点状況（2009年）

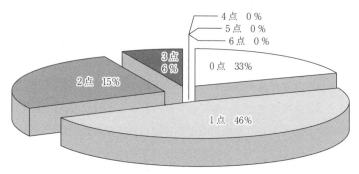

（注）　満たした項目が1項目＝1点として得点状況をグラフ化。
（出所）　関西経済同友会「大学改革委員会独自調査」より。

図7-6　項目別の明示状況（2009年）

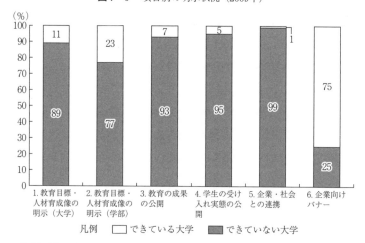

凡例　□ できている大学　■ できていない大学

（出所）　図7-5と同じ。

　の1～2割しかなかった。多くの大学では，抽象的な表現を用いており，各大学でどのような人材が育つのかを具体的にイメージできるようなポリシーは見られなかった。また項目3～5についても，我々が必要と考えるレベルの情報を開示している大学はごくわずかであった（図7-6）。
　以上の結果から，産業界と大学の意識には大きな乖離があることがわかった。

(5)審議のまとめ

　その後，勉強会や大学へのヒアリングを通じて，なぜ産業界の要求と大学の実態の間に乖離があるのかについて，主な理由を以下のように整理し提言を発表した。

　・学長は通常，学内選挙で選出されるため，社会のニーズに沿った改革を推進する意欲をもった人が選ばれることは稀で，選ばれても改革を進めれば再選は難しくなる。管理運営の専門性や経験をもった学長は少ない。学長を支える大学職員の専門性は高いとは言えない。私学では学長と理事長が別ポストになっているため，教育と経営が一体化していない。

　・その最大の阻害要因は教授会自治である。教授会は教員の人事権など大きな権限を有するが，大学全体の経営や運営に関する責任を問われないため，学部の利益が優先される。教養教育に対する教員の関心は薄く，学外講師（非常勤講師等）に依存しがちで責任体制も不明確。その結果，専門教育と比して相対的に軽視される傾向にある。

　・学部の壁が高く，学生が自由に他学部の科目を履修したり，単位が授与されたりする仕組みになっていない。

　・第三者認証評価機関による評価の義務化などが導入されたが，その内容は十分に定着したとは言い難い。各大学が明確な目的・目標を定め，その達成に向けて予め検証可能な指標を定めていないことが理由のひとつに考えられる。大学の教育を社会の変化に応じられるものとするためには，社会の直接的な評価を加えることが重要であり，そのためには積極的な情報開示が重要となるが，大学側は前向きではない。

　・教育を中心とした大学づくりが求められているにもかかわらず，教育実践に組織的に取り組む姿勢が教員にも大学側にも十分に育っていないため，問題認識は共有しつつも改善されていない。

（6）中教審の議論

　提言を発表した翌月，筆者は縁あって和歌山大学の理事・副学長に就任した。そして任期6年の間，自らが書いた提言を現場で検証することになった。やがて社会からは理解しづらい大学という独特の組織を理解しはじめたころ，中央教育審議会から委員の指名があった。そして2013年，筆者は高等教育分科会の下に設けられた組織運営部会で大学のガバナンスについての議論に参加することになる。

　部会は，教育再生実行会議の第三次提言を受けて設置されたもので，7回の集中審議を経て2014年2月に中教審から審議まとめを公表した。その半年後，法改正がなされ，副学長の職務内容や教授会の役割の明確化，国立大学の学長選挙の透明化や経営協議会の外部委員の過半数設置等が義務付られた。

　部会では審議まとめに整理された事項以外にも，貴重な意見が多く出されていた。その中でも，法の改正よりはむしろガバナンスを可能にするマネジメント能力の強化の方が大切だという意見，マネジメントの強化のためにチェック機能や評価機能が必要であり，それらを有効に働かせるためには情報開示が重要である等の意見が印象深かった。法改正のみならず，これらの意見を丁重に拾い上げて実現していくことが，大学改革につながっていくと考えている。

2　大学は変わったか？

（1）学長インタビュー

　関西経済同友会より提言を発表してから11年がたった。その間に，大学はどれぐらい変わったのかを調べるために，国公私立の学長及び幹部職員にインタビューを試みた。

　まずガバナンスについては，リーダーシップを発揮することに覚悟を持った学長が増え，学内意識も相当変わってきているという前向きな意見と，法改正により一定前進したものの，カリキュラム編成権や人事権は教授会にあり，学長の権限は形式的なものに留まっているなどの否定的な意見も多かった。事務

局長が改革マインドを持っている大学と古い意識しか持たない大学で2極化しているとの指摘もあった。

　評価については，ディプロマポリシーに沿ってカリキュラムが編成され，カリキュラムに基づいて教員配置されるわけではない。3ポリシーが関連付けられていない大学が多く評価がしづらいなど，3ポリシーの在り方についての意見が多かった。

　学部の壁が日本の大学を硬直させている最大の原因であることについては，全員が意識を共有していて，根幹的な問題が解消されていないことがわかった。文系の学部に数理・データサイエンス・AIを融合させることで問題を解消することができるとの意見もあった。また日本では授業は教員のものとの意識が強いが，自分の研究分野に固執せず学部の共通目標に向かって心ひとつにして教育を作ることが重要との指摘もあった。

　その他，企業も大学に耳を傾けるべき，採用は面接だけでなく「何を学んできたか」を重視する方向に変われば大学も学生も変わる。など，産業界への問題提起もあった。

（2）教員の意識の変化

　次に教員の意識の変化を図るために，同友会の提言で参考にした，私立大学教員の2007年度アンケート調査と2016年度実施の調査結果を比べてみた。

　まず「学生に関する問題」では，前回の調査で6割近い教員が問題視していた「基礎学力の不足」について，2016年度には39.0パーセントと減少傾向にあるものの，引き続き教育を進める上での基本的課題として受け止められていた。前回4割近い教員が指摘していた「学習意欲の低さ」については，2016年度も36.7パーセントとほとんど変化は見られない（図7-7）。

　次に「教員に関する問題」については，前回調査で教育実践の見直しが個々の教員任せになっていることが明らかになっていたが，2016年度の調査でも，4割前後が「基礎学力の格差で授業運営が困難」「準備と指導の時間が取りにくい」と答え，また2割近い教員が「大学の支援不足と教員間の連携不足」を

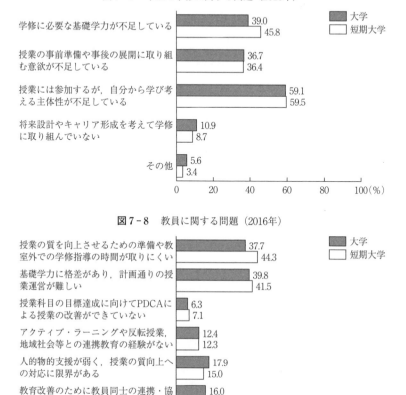

図7-7　学生の学修に関する問題（2016年）

- 学修に必要な基礎学力が不足している　大学 39.0／短期大学 45.8
- 授業の事前準備や事後の展開に取り組む意欲が不足している　大学 36.7／短期大学 36.4
- 授業には参加するが，自分から学び考える主体性が不足している　大学 59.1／短期大学 59.5
- 将来設計やキャリア形成を考えて学修に取り組んでいない　大学 10.9／短期大学 8.7
- その他　大学 5.6／短期大学 3.4

図7-8　教員に関する問題（2016年）

- 授業の質を向上させるための準備や教室外での学修指導の時間が取りにくい　大学 37.7／短期大学 44.3
- 基礎学力に格差があり，計画通りの授業運営が難しい　大学 39.8／短期大学 41.5
- 授業科目の目標達成に向けてPDCAによる授業の改善ができていない　大学 6.3／短期大学 7.1
- アクティブ・ラーニングや反転授業，地域社会等との連携教育の経験がない　大学 12.4／短期大学 12.3
- 人的物的支援が弱く，授業の質向上への対応に限界がある　大学 17.9／短期大学 15.0
- 教育改善のために教員同士の連携・協力が不足している　大学 16.0／短期大学 14.3
- その他　大学 5.6／短期大学 4.1

挙げている（図7-8）。2016年度の白書は「これらは教員個人の努力だけで解決できる問題ではなく，高大接続改革，教学マネジメント改革を通じて解決すべき大学の組織的な問題である」とのコメントを付している。

　また「大学に関する問題」は2016年調査では調査項目に盛り込まれていなかったが，新たに設けられた「アクティブ・ラーニング（AL）を推進・普及するための課題」の中で，４割弱の教員が，「授業設計・方法の支援体制」を課

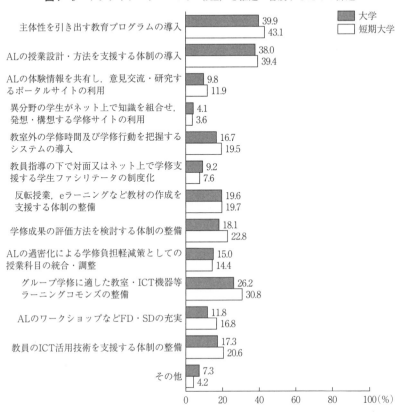

図 7-9　アクティブ・ラーニング（AL）を推進・普及するための課題

題としており，教育システム及びその支援体制が遅れていることが明らかになっている。同様に 2 割前後の教員が，「ICT を利活用できる仕組みや体制」を課題としており，組織的な対応が求められていることが明らかになっている（図 7-9）。

　以上のアンケート結果から2007年度と同様，私立大学教員の多くが基礎学力や学習意欲の低下に危機感を抱いているにもかかわらず，組織的な対応が不十分で問題への取り組みが進んでいない様子がうかがえた。

（3）大学の意識の変化

　次に，大学の企業・社内に対する情報開示がどれくらい改善されたのかを見るために，関西経済同友会の提言で調査を行った関西圏の4年制大学69校および国公立大学10校のホームページを，前回と同様の項目で再調査した。

　調査結果は，前回調査では4つ以上の項目を満たしている大学がゼロであったのに対し，今回の調査では5項目を満たしている大学が4校に，4項目が13校に増えたものの，1項目ないしは2項目しか満たしていない大学は前回の61パーセントとほぼ同水準の62パーセントで，企業・社会に対する情報開示の意識は依然として低いことが明らかになった（図7‐10）。

　大学や学部のポリシーについても，具体的でわかりやすく検証可能な形で開示している大学は，前回の調査時の1〜2割から今回調査では3〜4割と増えたものの，7割近い大学ではどのような人材が育つのかを具体的にイメージできるようなポリシーは見つけられなかった（図7‐11）。

　この10年あまりで学生の受け入れ実態の公開が5パーセントから91パーセントと大きく改善した他は，両調査とも必要と考えられるレベルの情報を開示している大学はごくわずかであり，産業界の要求と大学の意識の乖離は，、解消されていないことがわかった。

（4）まとめと所感

以上の検証結果を，関西経済同友会の提言を振り返りながらまとめてみた。

　○まず提言は「リーダーシップの不在と大学運営の稚拙さ」を挙げ，その最大の阻害要因が教授会自治にあることを指摘していた。

　学長のリーダーシップについては，前回調査後に実施された前述の法改正により一定の前進はあったものの，多くの大学では，カリキュラム編成権や人事権は学部教授会に委ねられているなど学長の権限は形式的なものに留まっている。教員のマネージングに対する認識も低く，選挙で選ばれる学部長は専門知識やプロフェッショナル意識に乏しい。

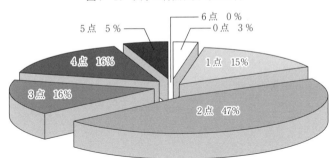

図 7 - 10　大学の得点状況（2020年）

図 7 - 11　項目別の明示状況（2020年）

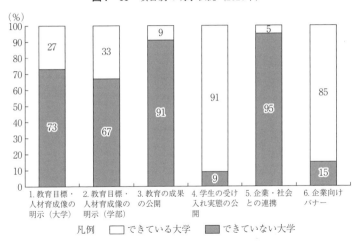

　教員には教育，研究，社会貢献の３つの役割が期待されており，仕事はできる教員に集中している。教員は多忙感から抜け出せない。問題の解決のためには，高度な専門知識をもった職員が教員を支えることが必要となるが，そのためには職員に責任と権限を与えると共に，プロフェッショナルな職員の育成を目指した採用，研修，評価などの人事戦略が求められる。

　〇次に提言は，学部の壁の問題を指摘していた。

　学部の壁については，以前にも増して他学部との連携や他大学との連携は少なくなっているとの指摘もあり，問題は改善されていない。学生が所属する専門の分野を超えて自らの興味・関心に則した主体的な学びの場を保証する必要がある。

　産業界が求める教養教育については一元化して取り組む大学が増えているが，非常勤の比率が高く，管理体制は充分ではない。加えてキャリアやグローバルなどの新しい教育は，センターなどの別組織で賄われることが多いために，学部の関心は低く全学的な取り組みには至っていない。

　〇また提言は，大学の教育を社会の変化に応じられるものにするためには，社会の直接的な評価を加えることが重要であることを指摘していた。

　しかしホームページの再調査では，産業界の要求と大学の意識に依然として大きな乖離があった。注目すべきは，2016年度の調査で学生の受け入れ実態の公開のみが5パーセントから91パーセントと大きく改善していたことで，これは受け入れ実態の公開が義務付けられたことが理由と考えられる。つまり大学の情報は文部科学省に向けて発信されていて社会を意識したものではないことを表している。しかし情報は社会に向けて発信することにこそ意味がある。そのことにより，まずは社会に大学への理解を促すことができる。次に社会との対話を通じて大学が自らの価値を再確認したり，社会の変化に応じた教育が可能になる。外部の目が入ることで組織の在り方もかわっていく。

　〇最後に提言は，教育を重視した大学運営に転換すべきであることを指摘していた。

　これに対し，再調査の結果でも私立大学教員の多くが基礎学力の低下や学習意欲の低下に危機感を抱いているにもかかわらず，組織的対応が不十分であることが明らかになっていた。

　こうした大学の意識を変えるためにも，企業，社会との対話は重要であり，とくに今後はアクティブ・ラーニングやサービスラーニング，PBL などの学

習を通じた連携が有意義となる。これらの学習方法を通じて，学生だけではなく教員も継承してきた知を社会でどう生かすのかを学ぶことができる。人的リソースを長期的視点で育成することは社会全体の課題であり，企業もより積極的に参加・協力すべきである。

3　高野山大学への期待

　本章では，企業が大学教育に求めているものは社会的な力であり，求める人材を輩出するには多くの課題があること。法改正により問題は一定前進したが，いまだに学生ファーストの学びの場になっていないこと。解決のためには法やシステムではなく，意識を変える事こそが重要であり，そのためには「社会との対話」が大きな力を発揮することを述べた。

　最後に，社会と対話するために不可欠なものはミッションである。企業も大学も，自分たちが「何をしたいのか？」「社会に対して何ができるのか？」，ミッションが明確でなければ生き残ってはいけない。経済同友会の議論でもミッションの重要性が多く指摘されていた。

　一方，多様な形態の大学でミッションを定義するのは容易いことではない。しかし，135年の歴史を有する高野山大学には「弘法大師の思想を伝える」という明確なミッションがある。真言密教の教えは簡単に理解できるものでないが，原点にある弘法大師の教えは「いのちを活かす」ことにあると聞く。その精神はカリキュラムによる教育だけではなく，大学で働く教員，職員一人ひとりが，日々のふれあいのなかで学生に伝えていくものであろう。

　おりしも，コロナ禍は教育界に大きな問題を投げかけた。急激にオンライン教育が普及したが，本来オンライン教育とは，学びたい時に，学びたい場所で，自分に合った学習ができる，学習者中心の学びである。それがポストコロナの大学教育で常態化した時，キャンパスにはどのような価値が残されるのだろうか。

　キャンパスでしか学べない教育の価値。それは「ふれあい」にある。教師や

職員，仲間といった人とのふれあいに知る絆の尊さ。キャンパスの緑，鳥のさえずり，陽の光など自然とのふれあいに見る命の輝き。日々の学園生活の中でこれらのふれあいを通じて「生きとし生けるもの，すべてが包含しあって生きている」という弘法大師のこころを，新学科の学生には学んでほしい。やがて彼らが社会に巣立ち，学び舎で触れた人や自然の優しさ，いのちの尊さを次の世代に伝えてくれたとしたら，その先にまだ見ぬ新しい時代の幸せが待っているに違いない。新学科の開設に大きな期待を寄せている。

引用・参考文献

社団法人関西経済同友会大学改革委員会「提言　社会が求める大学の人材輩出戦略——まずは学部教授会の改革から」2009年（https://www.kansaidoyukai.or.jp/wp-content/uploads/2016/09/090727daigakukaikakuteigen.pdf）。
社団法人私立大学情報教育協会「平成19年度　私立大学教員の授業改善白書」2008年（http://www.juce.jp/LINK/report/hakusho2007/hakusho2007.pdf）。
———「私立大学教員の授業改善白書——平成28年度の調査結果」2017年（http://www.juce.jp/LINK/report/hakusho2016/hakusho2016.pdf）。

第8章

幸せに生きるための教育とは
──福祉の視点から

溝渕　淳

1　幸せになるための教育

　アメリカのドキュメンタリー映画監督，マイケル・ムーアの作品『マイケル・ムーアの世界侵略のススメ』(2015年，原題 "Where To Invade Next") は，多方面で制度的な行き詰まりを見せるアメリカの国防総省が，「侵略」と称して世界の素晴らしい制度を取材し，持ち帰ってくるようマイケル・ムーアに指令を下すという，架空の設定から始まる。ムーアはおもにヨーロッパ各国を取材し，現行のアメリカには存在しない制度──例えば，十分すぎるほどの有給休暇（イタリア）や大学の授業料が無料の制度（スロベニア），男女の格差是正の徹底（アイスランド）など──を探し求める。これらのほとんどは，現行の日本にも存在しない制度であり，日本で暮らす私たちにとっても衝撃的な内容である。

　なかでも印象的なのは，1960年代には低迷し，アメリカとほぼ同じであった北欧のフィンランドの子どもの学力が，大きく躍進を遂げた理由を取材したパートである。2000年代以降実施されるようになった経済協力開発機構（以下，OECD）の国際学習到達度調査（以下，PISA）で上位を占めたこともあり，このフィンランドの子どもの学力向上は，日本の教育分野の研究者からも注目された。この躍進にはどのような秘密が隠されているのであろうか。映画の中でムーアがフィンランドの文部大臣に直接尋ねたところ，驚くべき返答があった。それは，「宿題がない」というものであった。他にも，地域の小学校の校長が「子どもは遊ぶのが一番だ。遊ばせたい」と語り，教員たちは，「選択式のテ

ストや全国統一テストはまったく意味がない」と語る。さらに教員たちは「学校は，子どもが幸せになる方法を見つける場所である」と語り，その中の，数学を専門とする教員が「自分が教えているのは，子どもが幸せに生きるための方法だ」と誇らしげに述べる。実際，これらの発言を裏付けるかのように，フィンランドは子どもの学力だけではなく，国連の「持続可能な開発ソリューションネットワーク（SDSN）」が発表した，世界156カ国，186の都市を対象とする「世界幸福度ランキング」において，2020年を含めて3年連続の1位となっている。

　一方，日本の教育および子どもをとりまく現状はどうであろうか。PISA の結果を見る限り，日本の子どもの学力は決して低くはない。その一方で，「世界幸福度ランキング（2020年）」では62位と，前年より4位下げ，過去最低順位となった。また，OECD または欧州連合（EU）に加盟する38カ国の子どもの状況をもとに，国際児童基金（UNICEF）が発表する「子どもの幸福度ランキング（2020年）」では，日本は総合順位で20位（フィンランド5位）であった。この順位は，「身体的健康」，「精神的幸福度」，「スキル」の3分野を総合して算出されるが，日本は「身体的健康」において1位（フィンランド6位）であるものの，「スキル」では27位（フィンランド9位），「精神的幸福度」に至っては37位（フィンランド12位）と対象国の中でほぼ最下位であり，このことが総合順位の低さに影響している。さらに「精神的幸福度」を算出する指標のひとつである，子どもの「生活満足度」もまた，ほぼ最下位の37位（フィンランド4位）である。

　以上のような子どもの幸せに関する日本の順位の低さは，厚生労働省が発表した2019年の「国民生活基礎調査」の結果にも現れている。例えば，2018年時点での日本の子ども（17歳以下）の貧困率は約13.5パーセントとなっており，これは，7人に1人が貧困状態にあることを示している。一方，同年におけるフィンランドの子どもの貧困率は3.5パーセント（およそ29人に1人の割合）であり，OECD 加盟国中，最も低い数値である。また，文部科学省の「平成30年度　児童生徒の問題行動・不登校等生徒指導上の諸課題に関する調査結果」

によると，2018年度の不登校数は小学校と中学校をあわせて過去最多の16万4528件となり，前年度（14万4031件）に比べて増加している。認知されたいじめの件数も前年度から約13万件増加し，54万3933件と過去最多を更新している。その中でもいじめ防止対策推進法第28条第1項に規定する「重大事態」の発生件数が前年度より128件増えて過去最多（602件）となったほか，自殺者数も332人で前年度から82人増加し，うち9人はいじめが原因とされている。

　他にも内外のさまざまなデータを挙げることができるが，これまで示してきたものを見るだけでも明らかなことがある。それは，フィンランドでは子どもの幸せと学力の双方が高水準で両立しており，日本では，そのようにはなっていないことである。ここで改めて思い起こされるのは，ムーアの映画に登場したフィンランドの教員たちの言葉である。彼らはあくまでも，子どもが幸せになることを目的として教育を行っている。したがって，学力の向上はその副産物に過ぎないと考えられないだろうか。なぜそのようなことが可能であるのか。本章では，フィンランドに見られるような「子どもが幸せになるための教育」が，どのようにして成立し，実践しうるのかについて考えていきたい。

2　機会と結果の平等

　ムーアは映画の中で，大学の授業料が無料という制度を取り入れているスロベニアへも赴いている（なお，フィンランドも大学の授業料が無料である）。この大学授業料無料の制度は，他国からスロベニアに来た留学生に対しても適用される。スロベニアはスロベニア語を公用語としているが，国内の大学のひとつでは，100近くの講義が英語で行われており，留学生にとって言葉の壁がなく，その教育水準も高いという。

　このような制度が実現しているのはなぜか。ムーアのインタビューに答えたアメリカ人留学生がその理由を一言で表している——「教育は公共の利益であるから」。この言葉は次のように説明することができる。すなわち，教育は国民一人ひとりが力を高め，内外で活躍するために必要不可欠である。これを充

実させることで，国家を豊かにするために才能を伸ばし，発揮する者を輩出する可能性が最大限のものとなる。結果，国家全体および国民一人ひとりが豊かになる。教育が国を豊かにする活動である以上，国民一人ひとりは，自分たちの納める税金がそれに用いられることについて相互に納得し承認している，というものである。逆に，教育に用いる予算とされながら，その使途が不明であったり，本来の目的外のものであったりした場合，国民は政府を徹底的に非難し，追求する。そのようなリスクを回避するため，国民は政府を常に厳しく監視し，政府もまた，国家財政の詳細について国民に対していねいに説明しなければならない。

　OECD の調査（2020年）では，2017年の日本において，初等教育から高等教育の公的支出が国内総生産（GDP）に占める割合は2.9パーセントであり，比較可能な38カ国中の37位ときわめて低水準である。また，教育社会学者の舞田敏彦の分析（2016）によると，東京大学の学生の親の世帯年収が一般よりも高いことが指摘されている。これは，経済の格差がそのまま学力の格差に反映していることを示す。つまり日本では，国家が教育にかける予算（その原資は国民の税金である）が少なく，かつ，その教育が平等に提供されているとは言い難い。たとえ才能あふれる子どもであっても，社会的に不利な状況に置かれている場合には，その才能を伸ばし，発揮して活躍する可能性が低くなってしまう。結果，国を豊かにするために才能を発揮する優秀な者を輩出する可能性も低くなる。つまり，日本では教育を公共の利益として捉える意識がいまだに低いといえる。

　一方，PISA におけるフィンランド教育の躍進に関する報告の中で，注目すべき点がある。それは，社会的要因によりさまざまな困難を有する生徒においても，高い成績水準が達成されていること，つまり，学力の格差が小さいことである。佐藤学（2005）が指摘しているように，フィンランドの教育では「平等」と「質」とが高い水準で達成されている。また，福田誠治（2006）は，フィンランドの教育制度が，1960年代から1970年代にかけてフィンランドをはじめとする北欧諸国で福祉国家の概念が確立されたことと地続きであると指摘し

た上で，フィンランドの教育の特徴を，「権利としての教育を福祉としての教育が包み込んでいる」と表現する。

この「福祉としての教育」というものについて，福田（2006）は主に大学を含む授業料が無料であることや，高校までの教材や学用品，給食，通学費などの学習環境が無料で提供されることを挙げている。教育科学研究会（2005）の紹介によると，フィンランドの国家教育委員会もまた，フィンランドの教育の特徴として，費用面だけではなく，年齢や居住地，経済状況，性別，母国語，民族的背景などの違いに関係なく，平等に教育の機会を提供していると説明している。結果，教育機関や地域が異なることによる格差が生じないため，そもそも「学校ランキング」といった文化は存在しない。

以上のような「福祉としての教育」の具体的内容は，主に教育の「機会」の平等に関係するものとなっているが，筆者は，フィンランドの「福祉としての教育」は，教育の「結果」の平等をも含んだ概念であると考えたい。では，平等に達成されるべき「結果」とはなにか。改めて，ムーアの映画におけるフィンランドの教員たちの言葉を思い出してみると，それこそが，「幸せに生きること」だと考えられるのではないだろうか。

しかしここで，「幸せに生きること」を平等な結果として実現する教育とはどのようなものであるのかという疑問が生じる。まず想起されるのは，幸せについてなんらかの定義付けをし，その達成に至るプロセスを段階化し，一定の量的あるいは質的な到達度を設定した上で試験を課し，数値的に評価するという形で教育をプログラム化することである。しかしこの方法には多くの問題がある。まず，幸せの在り方は個人の主観によって大きく影響されるため，明確に定義付けることができない。その多様性を排除し，共通の目標として一定の「幸せ」像を押しつけることは，生徒の人格やその思想，価値観などの画一化を生じさせる。また，決まった答えに関する知識や技能の習得だけが子どもの学びの目的となり，その伝達だけが教員による教育の目的になってしまう。結果，応用や創造といった能力を育むことが難しくなってしまう。画一化は平等とは似て非なるものであり，このような状況においては，自らと考え方を異に

する者を排除したり，また，多数者が正しいという考え方が幅をきかせたりするだろう。結果，幸せからほど遠い生き方を強いられる子どもが多数うみだされてしまうことになる。

　そこで次のように発想を変えてみたい。むしろ，「幸せのかたちや幸せな生き方は多種多様であり，なにか特定の基準によってはかることはできない」という事実そのものを前提とするのである。そうすることで，幸せになるための教育を，「一人ひとりの子どもが自ら考え，自分なりの幸せの形を見つけ，それを実現しようとする力を身につけること」として読み替えることができる。これこそが，フィンランド教育がすべての子どもに平等に実現しようとする結果であり，教員たちの「子どもが幸せになるための方法を教えている」という言葉の意味するところと考えられる。

　ところで，幸せについて絶対的な答えというものがなく，一人ひとりの子どもの幸せのかたちが多種多様であることを前提とするなら，それを実現する教育活動もまた，一人ひとりにあわせた，個別性（individuality）を重視したものとなる。松本真理子ら（2013）の報告にも見られるように，フィンランドでは小学校から個別指導に配慮した時間割が組まれている。この個別性は，子どもの幸せのかたちが多種多様であるという前提からすれば当然のことであり，極端に言えば，「子どもの数だけ，それぞれの学び方がある」という考え方となる。

　例えば日本では，障害のある子どもに対する教育は，「普通」ではない，「特別」に「支援」が必要な活動であると考えられがちである。もちろん，フィンランドにおいても，外国籍の子どもや障害のある子どもに対しては特別のプログラムが組まれ，専門の教員が置かれ，卒業を延長する仕組みが整備されており，むしろ日本よりもはるかに充実している。しかし，これらの方策は，すべての子どもに対して行われる教育と同等であり，多種多様なものの一つに過ぎないと考えられている。つまり，「特別」ではなく，「当たり前」の一形態でしかないのだ。そのため，外国籍の子どもや障害のある子どもに専門の職員がつくなどし，通常より手厚い支援が行われても，そのことで「不公平である」な

どと声を上げる者はいない。また，子ども自身にも，支援を受けたり通常より卒業を延長したりすることへの気負いがない。それもひとつの学び方のかたちであり，個々に尊重されるべきものだからである。

　福田（2006）によると，フィンランドは時間をかけて教育改革に取り組む途上において，学力によって選別やクラス編成をした上で行われる教育は，公共の利益に資することがなく，子どもの学力向上にも良い影響がない，という結論に至ったという。そして，このような統合学級方式（異質生徒集団方式：heterogeneous student groups）を確立させていった。結果，落ちこぼれを作らない，底上げの教育が実現し，子どもの学力格差を小さくするとともに，全体として世界有数の学力を達成した。つまり，機会と結果の平等の徹底（＝福祉）としての教育こそが，学力の向上と格差縮小につながったというわけである。

3　幸せに生きるための教育の展開

　では，前節で述べたフィンランドの個別性を重視した教育の実際は，どのようなものであるか。一人ひとりで学び方に違いがあることを前提にする以上，個別に対応する教員の負担が過重になることが予想される。しかしフィンランドでは，教員を含めた，他者との関わりや共同（collaboration）を最大限活かす中で，個別性を重視した教育が展開されている。

　福田（2006）によると，フィンランド国家教育委員会は，フィンランド教育躍進の理由のひとつとして「社会構成主義的な学習概念（socio-constructivist learning conception）」を挙げている。これは，「絶対的な答えや知識などない」との前提に立ち，常に答えや知識を探究し更新（＝再構成）し続けるという姿勢を重要視するというものである。この考え方にしたがうならば，絶対的な答えや知識がないという前提のもとで，常に自分の考えやものの見方を見つめ直しながら更新し続けることが学びの活動の中心となる。その際，他者との関わりや共同がきわめて重要となる。なぜなら，自らの考えやものの見方を疑い，探究し更新し続ける学びは，他者からの指摘や視点を取り入れることなしには

成立しないからだ。

　また，他者との関わりや共同を通して学びを深めるにあたっては，学ぶ主体において多様性が確保されていることにより，より大きな効果が期待できる。画一化された人々の中では，他者との違いが明確に認識されにくくなり，異なる意見や考えに触れ，学びを深めるきっかけを得る機会が減る。そのため，フィンランドが年齢や居住地，経済状況，性別，母国語，民族的背景などの違いに関係なく平等に教育の機会を提供していること，また，先述した異質生徒集団方式を教育方法の中心に据えていることは，多様性の確保という点からも理に適っている。

　だが，他者との関わりや共同での学びは，他者の影響や助けを受ける機会が増えるため，結局のところ一人ひとりが自分で考えるように成長することを阻害するのではないかという懸念が生じる。この点について考えるために，熊谷晋一郎（2013）が提示した自立の定義を参照しよう。熊谷は，人間の自立を，依存先の分散として定義付ける。私たちは自立が「何ものにも依存していない状態」であるとし，自立と依存とは正反対の概念であると考えがちである。しかし熊谷はまず，「何にも依存せずに生きている人など，存在しない」という単純な事実を認める必要があると主張する。そして，私たちは多かれ少なかれ，常に他者に依存し，また，他者から支えられる中で生きており，この前提のもとでの自立とは，「依存先を増やすことで，一つ一つの依存先への依存度が極小となり，あたかも何ものにも依存していないかのような幻想をもてる状況」であるとする。

　このような熊谷の自立観に基づくならば，フィンランドで展開されている他者との関わりや共同を通した学びあいの場は，一人ひとりの子どもが，互いに助けあう中で依存先を増やすことによって自立（したかのような幻想をもてる状況を実現）していくために重要な役割を担う。そして，フィンランドにおける教育の個別性とは，熊谷における自立の概念と同様，他者との関わりを経ることによってうまれる個別性であるといえよう。つまり，多様性が確保された異質生徒集団方式による共同の学びにおいてこそ，個別性の教育が展開でき，生

徒の自立や，自ら考え，学ぼうとする姿勢が実現するのである。

　他者との関わりや共同を通した学びが繰り広げられる場においては，教員自身もまた，子どもと共同し，教えあったり学びあったりする存在であることが求められる。すなわち教員は，同じ学びの地平のもとで，子どもと平等な「探究者」となる必要がある。フィンランドにおける教員養成の仕組みは非常に充実しており，その水準も高い。(2)知識や技術に関して，教員と子どもとの間には歴然たる差がある。しかし，その差はあくまでも多様性の文脈で捉えられるところの，ひとつの「違い」に過ぎず，この違いそのものと，教員が権威や権力，威厳をもち，それらを行使することとは本来関係のないものである。したがって教員は，子どもよりも学びを深めている存在，先を進む存在として尊敬を集めはするものの，学びを進める「探究者」としては，あくまでも子どもと対等の存在となるのだ。

　対人支援に携わる諸専門職の実践活動の中に「スーパービジョン」というものがある。これは立場の異なる専門職同士が，それぞれの実践に関してアドバイスしあうものである。しかし，この立場の違いに，経験年数なども含め，明確な上下関係や権力関係が強調された場合に，「パラレルプロセス」という状況に陥る危険性があるとされる。これは，アドバイスの場面における専門職同士の権力関係が，アドバイスを受けた支援者と，その支援者が担当する利用者との関係にも反映されてしまうという考え方である。つまり，権威的にふるまうベテランの専門職による，頭ごなしの叱責のもとでのアドバイスを受けた支援者は，自らの利用者に対し，権力的にふるまい，頭ごなしに叱責してしまうような支援を展開するというわけである。

　このような関係は，教育現場においても生じうる。もし，教員が権威的に生徒にふるまった場合，その関係が生徒同士の教えあいや学びあいの中にも反映されることは十分に考えうる。互いが違いを認めあった関係の中で行われる共同での学びにおいて，教員には，自らの知識や技術と権威や権力とを結びつけすぎることなく，あくまで対等の立場で関わることが求められる。そして，教員も含む子どもたちの共同の学びの場の実現は，それぞれが対等の立場で依存

しあいながら自立を目指す点で，教員に責任や負担が集中することを防ぐという意味でも有効であると考えられる。

4　日本における展開

　内田樹（2008）が指摘するように，教育制度は惰性の強い制度であり，簡単に変えることはできない。フィンランドの教育改革が，50年以上かけて取り組まれてきたことは先述した通りである。現在の日本の子どもが置かれている状況を踏まえると，フィンランドのような取り組みを，即座に日本へ導入したいと考えてしまいがちになる。しかし，たとえ導入したとしても，その効果を確認することができないうちに，細かな不都合や矛盾が目につきはじめ，結局検証を経ずに新たな手を打ち……ということが反復される。実際，日本の教育制度はこれまでこのような過ちを繰り返してきた。

　内田（2008）はさらに，教育をはじめとする社会制度の欠陥に責任を持ち，それを補正するのは，他ならぬ国民一人ひとりであるという自覚が必要であるとする。ここでもう一度，「教育は公共の利益である」という言葉を思い出してみよう。国民一人ひとりがこのような考えを理解し，相互に承認しあっているようなフィンランドをはじめとする各国では，一人ひとりの国民が教育に責任を持ち，それを支え，発展させていく主体であるという自覚を共有している。ノルウェー在住のジャーナリストで，北欧の若者の政治意識や選挙について取材したあぶみあさき（2020）が報告するように，北欧諸国の教育現場では「自分で考える力」と「批判的に物事を見る力」が徹底的に養われるため，国民が「自分の意見には価値がある（＝同様に，他者の意見を尊重できる）」あるいは，「一人ひとりに社会を変える力がある」と考えることができている。結果，選挙の投票率が高くなり，また，一人ひとりが積極的に社会活動や政治の決定に携わるという，当たり前の民主主義が顕現している。

　国民一人ひとりにより考えられ，承認された「公共の利益としての教育」による恩恵を享受した子どもたち——例えばフィンランドにおいては，幸せにな

る方法を学んだ子どもたち——は，大人になってもまた，自らの幸せにつながる教育制度の存続を願うとともに，責任を持ってその制度を支えていくであろう。このように，公共の利益としての教育には，その展開を通して，今後も制度を支え，より良いものへと発展させていく力となる担い手が育つ，といった好循環が伴う。しかし繰り返しになるが，そのような体制を整備するにはかなりの時間を要する。日本で真の「公共の利益としての教育」を定着させることは可能なのだろうか。

　新型コロナウイルス感染予防のための休校が相次いだ中，子どもにとっての「居場所」としての学校の役割が改めて見直されることになった。内田（2008）は，義務教育が本来，親や大人の搾取から子どもを守る，家以外の「居場所」の確保を目的としたものであったことを指摘している。現に，家にいることで親から虐待を受ける危険性があるため，学校に行った方が安全であるといった子どもや，学校で出される給食が1日の中で一番のごちそうとなっている子ども，子どもが家にいることで親が働きに行くことができず，貧困をより深刻なものとしてしまう家庭など，新型コロナウイルスの感染拡大をきっかけに，子どもを巡るさまざまな課題が明らかになった。これらの課題からわかることは，学校が，単に教育の機能を果たす場であるだけにとどまらず，子どもやその親を含めた家庭を守る機能を有する「居場所」だということである。

　ドキュメンタリー映画『みんなの学校』の舞台として知られる大空小学校の実践[3]は，子どものためだけではない，家庭や地域住民も含めた，文字通り「みんな」の居場所として学校が機能することの重要性を教えてくれる。そこでは，地域の住民や子どもの親，教員らが子どもとともに学びあう姿が見られる。そして，障がいがあるとされる子どもや大人，教員，地域の高齢者など，それぞれの違いが際立つ多様性のもとで，依存先を増やすことによって自立し，自ら考え，学ぼうとする姿勢を実現している。注目すべきは，子どもだけでなく，教員はもちろん，子どもの親をはじめとする地域で暮らす多様な住民もまた，学校への関わりを通してこのような姿勢を学び直していく点である。結果，少なくとも地域単位では「公共の利益としての教育」という考えが浸透し，その

新たな担い手を育成していくような好循環が実現していくのではないかと考えられる。

　国家単位での制度の変革には多くの困難が伴うことが予測されるが，地域単位で学校を人々の「居場所」とし，多様な人々が対等の立場で支えあい学びあう体制を整えていくこと，すなわち，学校を中心とする地域づくりを草の根から展開することが，現在さまざまな困難を抱える日本において子ども，ひいてはすべての人々が幸せになるための教育を展開するための第一歩になるのではないだろうか。その実現に向け，学校だけにとどまることなく，地域に出向き，地域の住民とつながりながら，「みんな」の居場所としての学校を中心とする地域づくりを担うことができるような教員の育成に向け，これに携わる者として大きな期待を抱かされる。

注

(1)　2018年の日本のPISA順位は「読解力」15位，「科学的応用力」5位，「数学的応用力」6位である。

(2)　福田（2006）によると，フィンランドで教員になるためには修士課程を修了することが必要とされる。教員の社会的地位も高い。

(3)　木村（2015）および木村（2019）を参照。

参考文献

あぶみあさき『北欧の幸せな社会のつくり方』かもがわ出版，2020年。

内田樹『待場の教育論』ミシマ社，2008年。

木村泰子『「みんなの学校」が教えてくれたこと』小学館，2015年。

───『「ふつうの子」なんて，どこにもいない』家の光協会，2019年。

教育科学研究会編『なぜフィンランドの子どもたちは「学力」が高いか』国土社，2005年。

熊谷晋一郎「依存先の分散としての自立」村田純一編『知の生態学的転回第2巻　技術』東京大学出版会，2013年。

佐藤学「フィンランドの教育の優秀性とその背景」教育科学研究会編『なぜフィンランドの子どもたちは「学力」が高いか』国土社，2005年。

庄井良信，中嶋博編著『フィンランドに学ぶ教育と学力』明石書店，2005年。

福田誠治『競争やめたら学力世界一——フィンランド教育の成功』朝日新聞出版，
　2006年。

———『格差をなくせば子どもの学力は伸びる』亜紀書房，2007年。

舞田敏彦「『東大生の親』は我が子だけに富を"密輸"する」プレジデント・オンラ
　イン，2016年（https://president.jp/articles/-/17938）。

松本真理子／ソイリ・ケスキネン編著『フィンランドの子どもを支える学校環境と心
　の健康』明石書店，2013年。

（DVD）マイケル・ムーア監督『マイケル・ムーアの世界侵略のススメ』ソニー・
　ピクチャーズエンタテインメント，2017年。

（映画）真鍋俊永監督『みんなの学校』東風，2014年。

第Ⅲ部

教科と子どもたちへのまなざし

第9章

イギリス科学教育の豊かな可能性
——思考力の成長を促す授業

笠　潤平

1　CASE プロジェクト

　本章ではイギリスの科学教育の多様な試みの中の代表例の一つ，1980年代に
主要な開発が行われた CASE プロジェクトを紹介する。

　ここで CASE というのは，Cognitive Acceleration through Science Educa-
tion の略で，和訳すると「科学教育を通した認知的な加速（促進）」となる。
このプロジェクトは，その目指す意図と実際の教材・授業観という二通りの意
味でわが国の小中学校の理科教育に対して大きな意義を持つ。おそらく若い皆
さんはそれらに触れると，これまで自分自身が受けてきた理科教育との違いに
驚かれるだろう。また，ベテランの先生方も目からうろこが落ちるような思い
で新鮮な関心を持たれることだろう。1989年にイギリスに留学した，当時高校
の理科教員だった筆者自身がまさにそのような経験をし，それから10数年後，
同プロジェクトの指導者の一人 Philip Adey 教授が来日し講演をされた際にも，
多くの小中高の理科教員，大学の理科教育研究者がそう感じているのを目の当
たりにした。そして，現在も免許更新講習などで幼稚園・保育園から高校まで
の理科だけでなくさまざまな分野の先生方にこの CASE プロジェクトの教材
を紹介し模擬授業を自分たちでしてもらうたびに，多くの先生方に歓迎されて
いる。

（1）CASE とは何か——その背景と意図

　CASE プロジェクトは何を目指すのか。それはなぜか。このプロジェクトは

世界中の科学教育にとって重要な，ある問題意識から生まれたものだ。

　話は1970年代にさかのぼる。当時ロンドン大学チェルシー・カレッジにいた Michael Shayer らは，イギリスの中学・高校の科学カリキュラム（世界中の中等科学もまた同じだが）は，生徒たちの実際の思考能力の程度と合致せず，多くの生徒にとって高すぎる要求をするものになっていないかという問いに取り組んだ[1]。

　そこで，かれらはまず当時のイギリスの代表的な科学コース『ナフィールド総合科学』の生物・化学・物理各分野のすべての単元で要求される思考の程度をピアジェの思考操作段階の理論にもとづいて分析した。

　その上で，現場の先生方の協力を得て，イギリスの中等学校の12〜16歳までの合計約1万2000人の生徒の思考操作段階を，かれらが開発したピアジェのインタビュー調査に基礎を置く，実演をともなういくつかの教室用調査問題（Science Reasoning Tasks:「科学的推論問題」）によって調べた。

　そして，学校で教えられている科学の内容を十分に理解し自分で説明するためには形式操作段階の思考を要求されることが多いのに対して，16歳年齢で形式的操作段階に達しているのは全生徒の3分の1程度であることを明らかにした。つまり，学校でならっている科学の内容は大半の生徒にとって自分でうまく説明に使えるようなものではないということになるのである。

　このギャップを埋めるにはどうしたらよいか。教える内容をやさしくするのも一つの方法だが，ShayerとAdeyらが取り組んだのは生徒たちの思考操作能力の発達を促進するような教材の開発だった。それが科学を通じて認知的な発達の促進（Cognitive Acceleration）を目指すプロジェクトである。ここで Cognitive Acceleration というのは，ピアジェの言う認知的操作能力の発達を外部からの影響で促進するという意味である。

（2）『考える科学』Thinking Science

　このプロジェクトの最初のそして代表的な教材が "Thinking Science" である。その初版は1989年，第2版は1995年，第3版は2001年に出版された。第3版は

図9-1　ピアジェの形式的思考操作のシェーマ

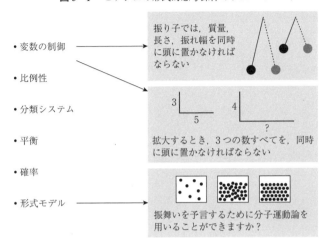

（出所）　Adey 氏の講演スライド（2002）より。

DVD の形でも出されている。その基本的な考えは以下の通りである。

　かれらの考えは，子どもが用いることができる思考操作は，子どもの成熟と
ともに，具体的なものから抽象的・形式的なものへ段階的に高度化し進展して
いくというピアジェのモデルにほぼもとづき，さらにその成熟の促進には環境
からの働きかけが関わるという考えを基本的な前提としている。そしてかれら
は，小学校高学年から中学校低学年頃の思考能力の発達，すなわち具体的思考
操作段階から形式的思考操作段階への発達に焦点を当てる。

　そして，いくつかの形式的な思考操作のそれぞれについて数回の授業で，実
験・実習や紙上の作業を組み合わせた一連の活動と班およびクラス全体の討論
を通じて豊富な体験と振り返りをさせ，それらを通じて全体としての認知能力
の段階的発達の促進を目指す。各授業で焦点を当てる形式的思考操作の種類は，
変数の制御や分類，確率の観念，相関性の観念，形式的モデルの構築と使用な
ど，ピアジェが形式的思考操作のシェーマ（図式）として挙げたものをほぼ踏
襲している（図9-1）。実際，ピアジェが調べようとした思考操作は，初等・

表 9 - 1　　Thinking Science の授業一覧

1	変わるものは何か？	変数	16	交互作用	変数
2	2つの変数	変数	17	コインを回す	確率
3	どんな関係か？	変数	18	味見	確率
4	「公正な」テスト	変数	19	わらじ虫の行動	相関性
5	転がるボール	変数	20	手当てと効果	相関性
6	グループに分ける	分類	21	サンプリング：池の中の魚	確率
7	進んだ分類	分類	22	サイコロを投げる	確率
8	ギヤと比率	比例性／比率	23	物質の状態を説明する	形式的モデル
9	手押し車	比例性	24	溶液を説明する	形式的モデル
10	幹と枝	反比例性	25	化学反応を説明する	形式的モデル
11	つりあいを保つ	反比例性	26	圧力	複合的な変数
12	電流，長さ，厚さ	反比例性	27	浮かぶ・沈む	複合的な変数
13	豆のサンプリング	確率	28	丘を登り谷を下る	平衡
14	豆を育てる	確率	29	ダイバー	複合的な変数
15	選択肢	組み合わせ	30	つりあいをとりもどす	平衡

（出所）"Thinking Science"（第3版，2001）より。

中等科学教育で必要な思考と非常に重なり，ピアジェが用いた用具や実験例も科学の授業でよく目にするものが少なくない。教材の難易度の分析や配置の決定もピアジェによる思考操作の段階的特徴づけにもとづいている。表9-1に第3版の30回の授業の題を示す。

　授業は，11〜14歳（イギリスの義務教育は日本より1年早くスタートするためイギリスの第6〜9学年）のうちの2年間（例えば12歳・13歳，すなわち第7・第8学年），通常の科学授業と並行して2週間に1回，全30回行う想定になっている（第2版までは1回75〜90分，第3版では1回50〜60分の授業とされている）。各授業は一つ一つ完結しているが，数回で一つの思考操作に関連するさまざまな経験をする。そして用意された順序にしたがって進むことで，より高度な思考操作を要求される課題に徐々に進む。

（3）授業の組み立てとその背景の理論

　授業構成の理論も興味深い。ピアジェの考えと並んで，知識や理解の成立は社会的な過程であるとする考えや発達の最近接領域の概念といったヴィゴツキーの考えにもとづき，授業構成上では次の5つの観点を重視している。

1)　具体的準備

どの授業も具体的で実際的な活動から始まる。そこでは，生徒が専門用語の使い方でつまずいたり，専門用語を覚えることを科学の勉強と取り違えたりするのではなく，自分で新しい用語を使って課題に取り組み，真の認知的葛藤に出会うことができるように，必要な用語に十分慣れさせること，課題の状況をよく把握させることがまず目指される。

2)　認知的葛藤

次に，生徒たちは適切な難しさの課題に出会う。これはヴィゴツキーの発達の最近接領域とピアジェの平衡の考えにもとづいている。発達の最近接領域というのは，子どもが自力だけでは到達できないが教師や他の子どもの助けを得れば到達が可能な学習上の領域である。

3)　社会的構成

この授業では班やクラスの討論（教師とのやりとりでもよい）を生徒の認知的発達の決定的な手段として重視する。ここでも，知識や理解の成立はなによりもまず社会的な過程であるというヴィゴツキーの考えが強調される。理解は，まず学習者が参加している社会的な場で生まれ，その後に個人によって内的なものとなる。新しい考えについて討論の中で探究すること，たがいに説明や根拠付けを求めたりすることは，個人の知識を構築するための不可欠なプロセスである。この授業では，生徒がすべての実験を終えることをかならずしも求めない一方，班やクラスの討論をかならず求める。逆に生徒が結論を知識として覚えるための動機づけはされない。

4)　メタ認知

メタ認知は自分自身の思考について思考することである。この授業では，ほぼ毎回，その日の作業や討論の意味を振り返る討論が組み込まれ，実験・作業・討論の中での自分たちや他の班が行った思考について振り返る。

図9-2　Thinking Science の授業構造

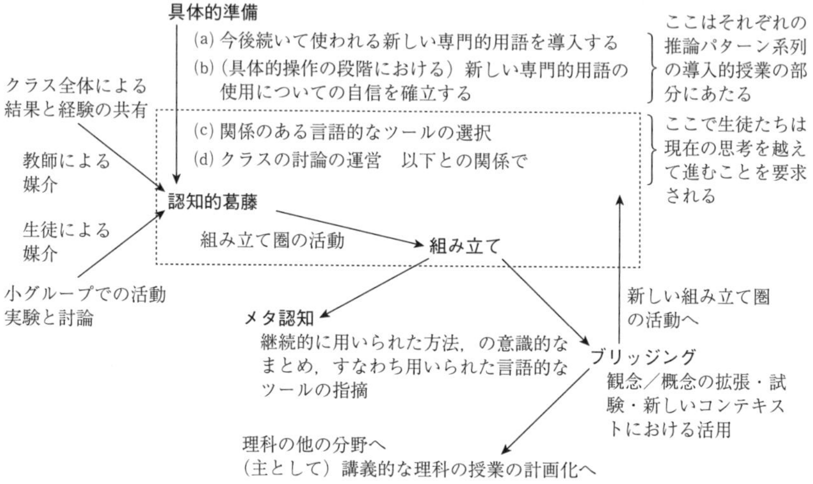

具体的準備
(a) 今後続いて使われる新しい専門的用語を導入する
(b) （具体的操作の段階における）新しい専門的用語の使用についての自信を確立する

(c) 関係のある言語的なツールの選択
(d) クラスの討論の運営　以下との関係で

ここはそれぞれの推論パターン系列の導入的授業の部分にあたる

ここで生徒たちは現在の思考を越えて進むことを要求される

クラス全体による結果と経験の共有

教師による媒介

生徒による媒介

小グループでの活動実験と討論

認知的葛藤

組み立て圏の活動　→　**組み立て**

メタ認知
継続的に用いられた方法，の意識的なまとめ，すなわち用いられた言語的なツールの指摘

新しい組み立て圏の活動へ

ブリッジング
観念／概念の拡張・試験・新しいコンテキストにおける活用

理科の他の分野へ
（主として）講義的な理科の授業の計画化へ

（出所）　Adey and Shayer（1994）より，筆者訳。

5）　ブリッジング

　ブリッジングはこれらの授業で発展させられた思考のスキルを他の場面でも使うように橋渡しをすることである。多くの授業の終盤において教師が意識的に行うようにその都度指示されている。図9-2はこれらの関係を表している。

2　効果と評価

　イギリス内外で，このCASEプロジェクトが注目を浴びた大きな理由は，その実際的な成果にある。図9-3（ア）は，第7学年（日本の小学6年）の最初に行った認知能力の発達段階の調査テストにおける一つの学校の生徒の成績の平均（横軸）と，5年後の同じ生徒たちのGCSE試験の科学の成績の平均（縦軸）との関係を表わしている。図中で第7・第8学年の2年間にCASEの授業を実施した学校は黒丸で，通常の科学授業のみを実施したコントロール校は白丸で表わされている。なお，GCSE試験とはイギリスで義務教育の修了時

図9-3　CASE実施校とコントロール校の1999年GCSE試験成績の比較

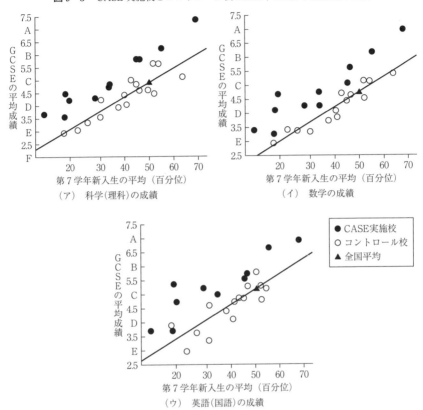

（注）　横軸は中学入学時（日本の小6）のSRTs（科学推論課題）テストのクラス成績，縦軸は義務教育修了時
　　　（日本の高1）のGCSEテスト（中等教育修了試験）のクラス平均成績。
（出所）　Shayer and Adey（2002）より。

に生徒たちが受ける学校外の試験機関による学業試験である。このように整理
して，CASE実施校とコントロール校とを比較すると，CASEなしで期待でき
る5年後の成績とCASEの効果とを見て取れる。結果は驚くべきものになっ
ている。第一にコントロール校の集団内において，第7学年の入学時の認知能
力の発達段階分布についての調査結果と5年後の科学の成績は強く相関してい
る。つまり5年後の学力試験結果に対する認知能力に関する調査結果の予言性

は高い。その上で CASE 実施校の集団の GCSE 成績はコントロール校の集団の成績に比べて明らかに高くなっている。その平均的な上昇は1.05段階（標準偏差0.5）と計算されている。

　さらに他教科の成績との相関も注目される。図9-3（イ）は縦軸に当該校の5年後の GCSE の数学の成績の平均を，図9-3（ウ）は縦軸に GCSE の英語の成績を取ったものだが，ここでも CASE の実施校の相対的な成績上昇は明らかで，数学の成績の平均的上昇は0.95段階（標準偏差0.5），英語の成績の平均的上昇は0.90段階（標準偏差0.57）である。これらの結果をもとにかれらは，心理学でいう一般的な学習転移が起きていると言えるのではないかとしている。

　イギリスではこの CASE プロジェクトは科学教育研究が実際的な成果を上げた例として有名で，同国の科学教育分野の院生や科学教育研究を目指す現場教員のための標準的な教科書も，構成主義的科学研究などと並んで一章を認知的促進と科学教育の関係に割いている（Bennett, 2003）。

3　授業の実際

（1）科学者は何をしているか――「変数（variable）とその値」という視角の導入

　授業1「変わるものは何か」から授業5まではすべて，変数の意味とその制御についてさまざまな課題を行う。とくに授業1は "Thinking Science" 全体の導入という意味を持つ。その意味で CASE の授業の雰囲気を理解する上でよい例となる。そこでこの授業について紹介しよう。

　授業はまず，「科学者は何をしているか」という問いかけから始まる。そして生徒たちからさまざまな意見が出されて教室がなごんだところで，科学者は「ことなるもの同士のつながり」あるいは「変わるもの」や「変わるもの」同士の「関係」に注目すると話す。例えば，「ヒイラギの実が多ければ，寒い冬である」「黒い車は黄色い車よりも事故が多い」というとき，われわれは，ヒイラギの実の数と冬の寒さを調べたり，車の色ごとの事故の件数を調べたりし

図9-4　いろいろな本　　　　**図9-5　生徒たちに提示する図形（組み合わせを変えて用いる）**

（出所）　筆者撮影。

て，その間に主張されているような関係があるか，あるいはどんな関係があるかを見ることで，こうした主張がどのくらい正しいかを研究することができると述べ，板書などしながら以下のように話をしていく。

　「……しかし，わたしたちはまず何に注目するかをはっきりさせなければならない。変わるもの，あるいは違うものは何か？　わたしたちは変化するものを表すために『変わるもの』（＝『変数』）という言葉を使う。この場合の変数は，『ヒイラギの実の数』と『冬の寒さ』あるいは『事故の件数』と『車の色』で，その値は『多い／少ない』，『寒い／おだやか』，『多い／少ない』，『黒い／黄色』などである…」。

　つづいて，生徒全員からよく見える場所に数冊の本を広げ，これらの本はお互いどのように違っているかを自由に挙げさせ，それらを黒板などにリストアップし，これらの「変わるもの＝変数」それぞれにどんな「値」があるか，その例を述べさせる（図9-4参照）。

　次に，大きさが大・中・小3種，色が青・赤2種，形が三角形・正方形2種の図形をいくつか組み合わせて黒板に貼り付け，これらの図形について「変わるもの＝変数」とその値を述べさせ，それらの変数の間にどんな関係があるか，あるいは関係がないかなどを検討させる活動を（生徒に提示する図形の組み合わせを変えて）2回行う（図9-5参照）。

表9-2　4つの容器の変数とその値

ラベル	色	大きさ	重さ
A	青	大	(150 g)
B	青	大	(250 g)
C	赤	小	(250 g)
D	赤	小	(150 g)

　次に，生徒たちは，中身はわからない4つの容器を見せられる。容器はラベリングされ，また青か赤の色が付けられていて，青2つは大きく，赤2つは小さい。生徒からは容器の中は見えないようになっていて，その重さは見当がつかない。ここで生徒に「変わるもの＝変数」とその「値」と「関係」を述べさせ，その後，重さも「変数」となることを示唆する。そして，生徒に手伝わせて，各容器の重さを測り，ワークシートの表を完成させるが，その結果は表9-2のようになる。ここでは重さと大きさとの間の関係は，「驚くべきことに」何もない。大きさから重さを予想することはできないし逆もできない。すなわち，生徒たちは，変数同士の間に（予想に反して）関係がない場合を経験する。このような経験は，関係を探すという方法を「外から」眺める上で重要であるとされている。

　以上が授業1の概略だが，授業の目的と方法が通常の理科の授業とかなり異なることがわかるだろう。第一に，自然についての知識・概念の修得が目指されていない。第二に，変数とその値，変数同士の関係という観点を使うことが目指されているが，それらを覚えるべきこととして教師がまとめるようなことは重視されず，生徒がさまざまな活動と討論を通じてゆっくりと新しい観点・思考方法とそれに伴う用語に慣れていくことに焦点を当てている。[2]

（2）授業27　「浮かぶか沈むか」

　筆者がよく免許更新講習などで現職の先生方にしてもらう模擬授業をもう一つ紹介しよう。

　授業27では物体の浮き沈みを決める因子を探る。この授業では「6」と「A」というラベルが貼ってある（水に浮く）密閉容器と，それと同じ大きさだがアルファベット順に従って重さがだんだん重くなるようにした4つの密閉容器「B」〜「E」と，容器「6」・「A」と同じ重さで形は同型だが数字が小

図9-6　密閉容器

（出所）　"Thinking Science" DVD professional edition
より。

図9-7　授業27のノートシート
の一部

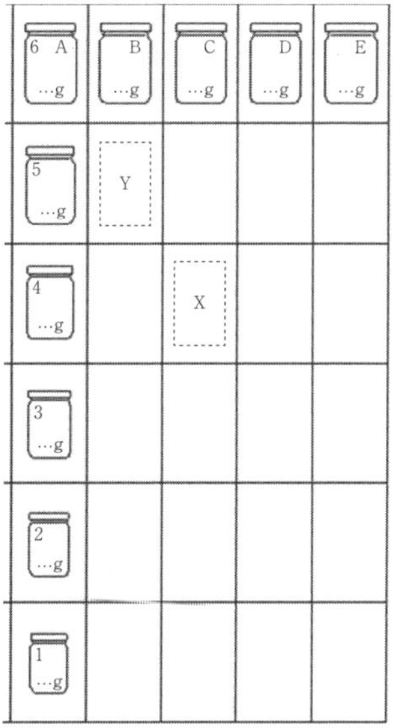

6 A ...g	B ...g	C ...g	D ...g	E ...g
5 ...g	Y			
4 ...g		X		
3 ...g				
2 ...g				
1 ...g				

（注）　ここに各容器の浮き沈みを書き込む。

　さくなるにつれて大きさがだんだん小さくなる5つの容器「5」～「1」と台
はかりと水をたたえた水槽が用意されている（図9-6，図9-7）。ここで重さ
という変数と浮き沈みの関係を調べる方法を聞いたら，すでに変数の授業を何
度も経験している生徒たちは，大きさが同じで重さが異なる「A」～「E」を
用いて探究することを提案できるだろう（実験してみると「A」～「C」は浮き，
「D」と「E」は沈む）。逆に，大きさと浮き沈みの関係を調べる方法については，
重さが同じで大きさが異なる「6」～「1」を用いて探究することができるだ
ろう（その時，「6」～「4」は浮き，「3」～「1」は沈む）。そこで，次の問題が
提起される。容器「4」も容器「C」も浮くのだが，容器「4」と同じ大きさ
で容器「C」と同じ重さの容器「X」は浮くだろうか沈むだろうか。また，容
器「5」と同じ大きさで容器「B」と同じ重さの容器「Y」はどうだろうか。
それはなぜか説明できるだろうか。生徒たちは大きさと重さという二つの変数

がどのように関係して浮き沈みという結果の変数の値を決めるかを説明しなければならないし，そうしようとする。これは生徒たちに認知的葛藤を生む。そして，この時も教師が浮き沈みを判断する公式，密度の計算方法などをすぐに与えたりまとめたりしない。そのことによって，生徒たちは，大きさ（体積）と重さという２つの変数を同時に頭の中に保持して考える機会を十分に与えられる。

4　日本での可能性

　報告されている理科（および他教科）の学習に対する著しい効果は素晴らしいものである。思考操作に焦点を当てた授業が学習一般に対して効果を持つことを示した好例となっている。わが国でもおそらくこのような試みは効果を持つだろう。というのは，わが国にこれと同等かあるいは代わるような授業が行われているとは言えないからである。しかし，そのための授業の構造と先生の役割に注目すべきである。選ばれた形式的操作を言葉で「教える」のではなく，子どもたちが使うような状況をいくつも用意し，それについて振り返らせている。しかし，先生のまとめは通常なく，正解が子どもたちに最後までわからない場合も許容される。実践にあたってはその学校の先生方が，管理職も含めてこうした授業の目的と方法を理解することが重要である。

　イギリスでも指摘されているが，わが国の理科教育にとってこのCASE プロジェクトの教材はもう一つ重要な意味を持つ。それは，変数とその値という観念の修得，変数の制御を考慮した実験の設計などの活動は，科学的探究に必要な思考スキルの修得のための大変よい教材となっている。

　最後に一言。高野山大学の教育学科では，このCASE プロジェクトを楽しく学んでいける授業を提供したい。その際，本章では紙数のために触れることができなかったが，前操作期から具体的操作期への子どもの思考段階の発達を助けるための幼児から小学校低学年生向けの教材も学生さんたちや先生方と検討していきたい。

注

(1)　もちろん皆さんは当然ここで，どういうものが「高度な」思考か，思考の「高さ」を測る物差しはあるのかという問題が生じると考えるだろう。かれらが採用したのは，発達心理学の泰斗ジャン・ピアジェの思考操作段階のモデルだった。ピアジェは，幼児期から青少年期にわたる子どもたちに対する長年の膨大で綿密な観察結果や実験を見せながらの対面調査結果などにもとづいて，人間の思考能力の発達についてのモデルを作り上げた。その中で基本となるのは幼児期から少年期，思春期を通じた人間の思考操作能力の発達は，前操作期，具体的操作期，形式的操作期などの段階を経るという考えである。その中でも学校教育でとくに重要なのは，具体的操作期の成熟と具体的操作期から形式的操作期への移行，そして形式的操作期の成熟である。具体的操作期では子どもたちの量の保存の観念が発達し分化していく，具体的な事物を思い浮かべて扱うことができる，二項的な因果関係が理解できるなどが特徴である。一方，形式的操作期は，頭の中で多くの変数を同時に保てる，抽象的な観念を扱うことができる，すべての可能な場合の一つとして現実のケースを捉えることができることなどが特徴である。図9-1に示されている変数制御，形式的（抽象的）モデルの利用，確率的思考などの形式的操作は，そのまま科学の授業で必要となる思考操作である。

(2)　ちなみに，この授業1の活動は「おおよそすべて具体的準備」とされ，まだ本格的な認知的葛藤の場面は設定されていない。

参考文献

小倉康編著（科研費報告書）「英国における科学的探究能力育成のカリキュラムに関する調査」2004年。

Adey, P. and Shayer, M. (1994) *Really Raising Standards*, Routledge.

Bennett, J. (2003) *Teaching and Learning Science*, Continuum.

Shayer, M. and Adey, P. (1981) *Towards a Science of Science Teaching*, Heinemann.

――― eds. (2002) *Learning Intelligence*, Open University Press.

Shayer, M., Adey, P. and Yates, C. (2001) *Thinking Science* 3rd eds, Nelson Thornes.

第10章

幼児・児童の自然への気付きを深める指導法とは

柳原　高文

1　気付きとは

　幼児や小学校低学年児童の自然観察においては，自然への気付きが重要視されている。小学校指導要領生活編において「気付き」という単語が11カ所で使われているが，理科編において「気付き」は無く，「観察」が50カ所で使われている。また幼稚園教育要領の「環境」では「気付き」は3カ所で使われ，「関心」が7カ所で使われている。これからわかるように，幼児の自然観察では自然の大きさ，美しさ，不思議さに関心を持ち，関心をもつことで気付きにつなげ，児童の自然観察では気付きから観察へと学びを深めることになる。観察とは「観る」ことと「察する」ことである。児童がこの観察から深い学びを得るためには，関心から気付きを深めていくことが大切である。

　レイチェル・カーソンは著書『センス・オブ・ワンダー』（カーソン，1996）で「もしもわたしが，すべての子どもの成長を見守る善良な妖精に話しかける力をもっているとしたら，世界中の子どもに，生涯消えることのない『センス・オブ・ワンダー＝神秘さや不思議さに目をみはる感性』を授けてほしいとたのむでしょう」（23頁）と子どもたちの感性の重要なことについて記している。さらに，「わたしは，子どもにとっても，どのようにして子どもを教育すべきか頭をなやませている親にとっても『知る』ことは『感じる』ことの半分も重要ではないと固く信じています」（24頁）とある。

　このように子どもたちにとって自然に触れた時の感性，言い換えれば自然への関心が重要である。そして，幼児期の関心が自然に接した時の気付きへとつ

ながっていくと思える。

　無藤は，「気づきとは，具体的な活動や体験の中で成り立つものであり，関心をもつことから考えることへ至る幅の中で生じるものなのである」と記している。さらに，「気づきのもつべき要件として，①結果として成り立つものであること，②多様で独自であること，③能動的・主体的であること，④個々別々のものであること」と４つの気づきを示している（中野ほか編，1996）。これらのことから，自然の多様性のある森で，幼児・児童が主体的に活動することが気付きを深めることにつながると考えられる。そこで，保育所年長園児に行っている「森のようちえん」の活動と小学校放課後活動で行っている，身の回りの自然観察をする「風の子教室」の活動から，気付きを深める指導法について考察することとした。

2　「森のようちえん」での気付き

（1）「森のようちえん」とは

　「森のようちえん」は，1950年代中頃デンマークで，「子どもたちに幼い頃から自然と触れ合う機会をあたえ，自然の中でのびのびと遊ばせたい」という願いを持つ一人の母親が，自分の子どもたちを連れて毎日森に出かけていったことがきっかけで始まったと言われている。

　わが国の「森のようちえん」の形態は，保護者を含む自主的なグループが通年で運営する自主保育の形式，認可幼稚園や保育園（所）が園外活動の一部として取り入れる自然学校や任意型団体が行事として行う形式などに分類することができるが，このような活動形態は問わず幼児を自然の中で保育する活動をまとめて「森のようちえん」と表記していることが多い。

（2）名寄市での「森のようちえん」

1)　活動場所

　筆者は2017年から月に１回程度，「森のようちえん」を北海道名寄市立東保

育所の年長園児対象に行っている。活動場所のレクリエーション施設「なよろ健康の森」は，多くの樹種で構成される約200ヘクタールの森林である。小川が流れ込む池がありヤゴなどの水生生物の観察もできる。早春にはエゾエンゴサク，ミズバショウなど多くの植物が見られ，秋にはイタヤカエデやオオモミジなど紅葉の美しい植物，多種多様のキノコの観察ができる。クマゲラやオオアカゲラ，オオルリなど貴重な野鳥だけではなく，ハイタカなどの猛禽類，エゾリスやキタキツネ，エゾユキウサギなどの哺乳類の姿を見ることができる。

2）　目当て・指導計画

①目当て

五感を使って森で自然観察をすることで，植物や動物には色々な種類があり，色や形，手触り，匂いなどに違いがあることに気付く観察眼を身につける。

②指導計画

・早春の観察：春一番に咲く花を見つけ，その花の色や形の様子に関心を持つ
・春の観察：新緑の美しさ，植物の成長の違いに気付く
・夏の観察：生き物に関心を持ち，その姿やくらし方の違いに気付く
・秋の観察：植物の色づく様に関心を持ち，生き物のくらしの変化に気付く

（3）「森のようちえん」と幼稚園教育要領との関連

この「森のようちえん」での幼児の行動・発言から幼稚園教育要領の「環境」（文部科学省，2018c）に記されている次の3つの気付きについて，事例をもとに考察した。

1）　自然に触れて生活し，その大きさ，美しさ，不思議さなどに気付く

2018年4月25日，早春の森歩きをしたときに幼児たちはフクジュソウを見つけた。「あれっ？　花びらがテカテカ光ってる？」幼児たちが不思議に感じていた。「そうだね。何で光っているのかな？」この投げかけに，幼児たちは一生懸命に考えるがそれらしい答えが見つからなかった。「花びらの形をパラボ

図10-1　花の内部に指を入れる幼児たち　　図10-2　色々な形のドングリを拾う幼児たち

（出所）　筆者撮影。　　　　　　　　　　　　（出所）　図10-1と同じ。

ラアンテナみたいにして，太陽の光を集めて花の中を暖かくしているんだよ。
花びらが光っているのもそのためなんだ」。「どうして暖かくするの？」この幼
児の疑問に，虫が花粉を運んで種が出来ることの話などをすると，幼児たちは
花の内部に指を入れ温度を確かめていた（図10-1）。このように幼児の関心を
ひく自然が見つかった時を機会として，自然の面白さ，不思議さの話をすると
幼児たちに関心が生まれてくる。

　2018年10月3日，幼児たちはたくさんのドングリを拾った。そこで，大きな
ドングリや小さなドングリなどを出し合う，「ドングリじゃんけん」を始める
ことにした。「拾ったドングリの中から一番大きなドングリをにぎってね！」
「大きなドングリ，じゃんけんぽん♪」幼児たちの手が開かれた。「あっ！
みのるくんのおっきぃ〜」「ほんとうだ！」「ぼくのは〜」「わたしのは〜」幼
児たちは自分のドングリをほめてもらいたい。「そうだね大きいね！」「どれも
大きくステキだね！」この活動で幼児たちは，同じミズナラのドングリでも，
その大きさや形がさまざまでどれも良いということの面白さに気付いていた
（図10-2）。

　2）　季節により自然や人間の生活に変化のあることに気付く
　2019年10月15日，幼児たちは赤く色づいたミヤマガマズミの実に気付いてい
た。「白い花が咲いていたんだよね？」幼児たちは初秋に咲いていたミヤマガ

図10-3　エゾリスを見つけた幼児たち

（出所）　図10-1と同じ。

図10-4　オオルリボシヤンマを持つ幼児たち

（出所）　図10-1と同じ。

マズミを覚えていた。「食べてみようか？　少し酸っぱいよ！」筆者がまず口に入れてみた。それを見ていた幼児たちは「ぼくも食べたい～」「わたしも～」と，いっせいに手を出してきた。まず，指導者が食べ，少しオーバーな表情をすることで幼児たちは関心を示す。このように，同じ樹を観察して花の咲いていた様子，その花が終わり実がなり色づき，ふくらんでいく様子を観察し，食するという体験をすることで，幼児たちは季節により自然が変化することに気付いていた。

　2019年7月16日，幼児たちは活動開始場所にあるオニグルミの樹を観察し，小さな実がふくらみ，やがてクルミになることを知った。同年10月15日「あっ！　リスだ！」「どこ？」「木の上！」「クルミを運んでいるよ！」幼児たちはエゾリスを見つけ興奮していた。「どうしてエゾリスはクルミを運んでいるのかな？」この投げかけに幼児たちは，冬眠しないエゾリスは冬の間を過ごす食料が必要であることに気付いた。目の前でその姿を見ることで，生き物によって季節の暮らし方が異なることに気付きを深めていた（図10-3）。

　3）　身近な動植物への親しみから生命の尊さに気付き大切にする

　2018年8月8日，チョウやトンボを捕まえた。「ほら見てごらん。オオルリボシヤンマだよ！」「わっ！おっきぃ～」「青くてきれい～」幼児たちは驚いていた。「手で持ってみる？」この投げかけに幼児たちは緊張気味であった。「わ

っ！すごい力！」幼児たちは，初めて持つヤンマの翅を広げる時の力強い様子に気付いた（図10‐4）。このように，幼児たちは大きなトンボやチョウを持つ体験をしたことで，その力強い動きを感じ，生き物の生きる力に気付いていた。

　2019年7月16日，幼児たちは大きく盛り上がった大量の獣糞を見つけた。「すごい！うんこが山盛り！」「クマ？」少し緊張が走った。「これはエゾタヌキのため糞と言って，タヌキの家族は同じ場所で糞をするんだよ！」「あれっ？　うんこに種がたくさん入っている！」幼児は気付いた。「そうだね，何を食べたのかな？」この投げかけに幼児たちは周りを見渡し，「あの紫色の実かな？」とエゾヤマザクラの実がなっていることを見つけた。幼児たちは，エゾタヌキはエゾヤマザクラの実を食べていたのかも知れないと考えた。このように，幼児たちは糞を観察することから，生き物が生きている息吹に気付いていた。

3　児童の観察活動での気付き

（1）「風の子教室」とは

　北海道名寄市立中名寄小学校は，全校児童20名を少し下回る小規模校であり，特任校として市内のどこからでも児童を受け入れている。筆者は2017年から月に2回程度，主に放課後活動として身近な自然を観察する「風の子教室」を行っている。「風の子教室」は毎回希望者のみが参加するが，用事のない限りほとんどの児童が参加している。

（2）「風の子教室」での観察活動

1)　活動場所

　活動する神社山は，東風連から名寄川までにある標高200メートル程度の丘陵地帯の端にあり，高低差約50メートル，活動できる広さは約1ヘクタールの地区が管理する里山である。カラマツの植林地を切り開いた場所に，中名寄神社のお社があり，樹齢約40年のドイツトウヒなどが植林されている。中名寄小

学校のある，下川街道を通り神社山に入る遊歩道のある斜面は，北斜面である が陽生の植物も見られる。4月末の雪どけを待つように，エゾエンゴサク，エ ゾイチゲ，ニリンソウなどの野草が多く見られる。神社山の自然植生は，風や 動物が運んできた種子が芽生えてできていると考えられ，小さな生態系が確立 している。

2）目当て・指導計画

①目当て

身の回りの自然を観察し，自然にはたくさんの植物や動物が工夫しながら暮 らしていることに気付き，貴重な自然を大切にすること，自分たちが暮らして いる地域を愛する気持ちを育む。

②指導計画

・早春の観察：生き物の冬越しの様子を観察し，その工夫に気付く

・春の観察：植物の移り変わり，昆虫の変態を観察し，その工夫に気付く

・夏の観察：植物の移り変わり，生き物のくらしを観察し，その工夫に気付く

・秋の観察：植物の色づく様に関心を持ち，生き物のくらしの変化に気付く

（3）「風の子教室」と小学校指導要領生活編との関連

この「風の子教室」での児童の行動・発言から小学校学習指導要領生活編 （文部科学省，2018a）に記されている次の3つの気付きについて，事例をもと に考察した。

1）自然や四季の変化によって生活の様子が変わることに気付く

2019年3月5日，児童たちはスノーシューをはいて神社山に入った。「あれ っ，エゾヤマザクラの樹名板がこんな足下にある」。児童たちは，まだ1メー トルはある積雪に背が高くなったような気分であった。少し進んだ所で「キタ コブシの冬芽がこんなに大きくなっている」。普段は手の届かない高さの枝が 目の前にあることに喜んでいた。「少しかわいそうだけど冬芽を分解しよう

か！」この提案をきっかけに，冬芽を分解した児童は「ふわふわだ！」「あっ花びらが何枚も重なっている！」「すご～い！良い香り！」と，もうすぐ花を咲かせるキタコブシの冬芽の手触りやその香りの良さに気付いた。さらに，児童たちは森の樹木の葉がなく，遠くまで見渡せる景色を見て，季節による森の様子や春を迎える自然の様子など四季の変化に気付いていた。

2019年11月5日，児童たちは落ち葉の積もった森の地面の感触を楽しんでいた。だれが言うでもなく，この時期になると落ち葉投げが始まる。「いち，にー，の，さん」で大きく抱えた落ち葉のかたまりをいっせいに空に投げると落ち葉のシャワーになり児童たちは笑顔になった。「ハウチワカエデ，イタヤカエデ，同じモミジの仲間なのに色が違うね？」この投げかけに「ハウチワカエデは緑色の中に赤色が混ざっているね？」「ドイツトウヒは紅葉しないけどカラマツは金色になるね？」など，児童たちは紅葉にも多様性のあることに気付いていた。そして，黄金に色づき落葉したカラマツの落ち葉の積もった道にさしかかると，なぜか全員で走り始めた。ふわふわの足の感覚，気持ちの良い晩秋の空気にふれると自然と走りたくなるのかも知れない。このように児童たちは自然の様子や四季の変化に気付き，体感を楽しんでいた。

2)　その面白さや自然の不思議について気付く

2019年5月21日，神社山でエゾヒメギフチョウのたまごを採集した。北海道北部の名寄市ではキャベツの生育が遅く，多くの小学校で5月に行っている3年生理科モンシロチョウの飼育・観察ができない。そこで，モンシロチョウの代わりに地域に生息しているエゾヒメギフチョウの飼育・観察を理科の学習として8時数かけ3年生，4年生の複式学級で行うことになった（図10-5）。児童たちに，「なぜ，エゾヒメギフチョウの幼虫は集団でかたまっているのだろうか」という疑問がでた。話し合った結果，「集団でくっついている方が，体を温められるのではないか」「敵に見つかったときに，集団でいる方が，犠牲が少なくてすむのではないか」という意見がでた。1匹が葉を食べに移動すると，他の幼虫も動き出し並んで葉を食べはじめ，1匹が食べるのをやめて，そ

図10-5　エゾヒメギフチョウの観察をする
　　　　児童たち

図10-6　キタコブシの実で遊ぶ児童たち

（出所）　図10-1と同じ。

（出所）　図10-1と同じ。

の場を離れると，他の幼虫も食べるのをやめて並んで休むという様子を見て，「リーダーがいるのではないか」という意見がでた。幼虫の動きを観察し，どの幼虫がリーダーなのかをつきとめた。このように，児童たちはエゾヒメギフチョウを飼育することで，教科書で扱っているモンシロチョウの飼育とは異なる育ちかたをしていることに気付き，その行動には意味があるのではないかと考え，話し合い，調べることで自然の面白さや不思議さに気付きを深めていた。

　2019年10月15日，児童たちはキタコブシの実から糸のようなものが出て，朱色に色づいた実がぶらぶらと揺れていることに気付いた。児童たちの「面白い〜」という反応を見て「ぶらぶらしているのはなぜだろう？」と投げかけた。児童たちは実際にキタコブシの実を引っ張り「この方が鳥に目立つからかな？」と実が鳥に運ばれるための工夫を考えた（図10-6）。児童たちは弾けるキツリフネの実や，風で飛ぶカエデの実など，植物の実の運ばれ方の工夫が面白く不思議なことに気付いていた。

　3）　それらは生命をもっていることや成長していることに気付く

　2020年7月14日，神社山の入口にエゾノシシウドが生育していた。児童は，自分の背の高さと同じくらいにまで成長していることに驚き「これなぁに？」と植物名を聞いてきた。「あっキアゲハの幼虫がいる！」と昆虫が大好きな児

童が見つけ喜んでいる。こうなると，児童の関心は植物の名前より昆虫に向かう。「学校で飼いたい！」という児童の意見が出た。「寄生蜂にたまごを生まれているから駄目だよ！」としっかりした口調で児童が発言した。この児童は昨年，家の庭で見つけたキアゲハの幼虫を飼育したが，蛹になる直前に寄生蜂が幼虫の体から出てきたことを目の当たりにした経験がある。その後，寄生蜂について調べ，幼虫図鑑も購入して学んでいる。悲しく，悔しかった経験を乗り越え気付きを深くしているのだった。このように，児童たちは自然の中で活動することで，生命とは生まれ成長していくが，そこには食べる・食べられるの関係があることにも理解し気付いていた。

4　気付きを深める指導法とは

『小学校指導要領解説　生活編』（文部科学省，2018a）には，気付きを深めることについて以下のようにある。

　　「自分自身や自分の生活について考え，表現することにより，気付きの質が
　　高まり，対象が意味付けられたり価値付けられたりするならば，身近な人々，
　　社会及び自然は自分にとって一層大切な存在になってくる。このような『深
　　い学び』の実現こそが求められるのである。」

　児童たちのエゾヒメギフチョウの飼育観察で考えるならば，他では無い地域の宝物を知り，その貴重な生き物が生育している地域に誇りを持つことで気付きを深めていたことになる。

　2019年8月21日の「森のようちえん」で，幼児たちは「アカトンボがいるね（アキアカネ）」「大きなトンボも飛んでいる（オニヤンマ）」「青い大きなトンボだ（オオルリボシヤンマ）」「羽の先が黒いトンボだ（ノシメトンボ）」「イトトンボがいた（アオイトトンボ）」など，ひと括りにトンボではなく，その特徴から分類することができていた。活動の経験が多くなることで，気付きから分類することへと学びが深まっていたのである。ところが，2020年9月4日の活動では幼児たちはチョウやトンボに触るだけの関心しかなかった。これは，2020年は

新型コロナウイルス感染予防の観点から春の活動はなく，９月４日が初回の「森のようちえん」であったからだ。つまり，2019年と2020年の夏の活動時点で幼児たちの年齢による発達段階はほぼ同じであったが，自然に接する際の関心の持ちようや気付きには大きな違いが見られた。ここから，関心が気付きに変わるためには自然体験活動の積み重ねが必要であることがわかった。

　2019年の９月５日に神社山で幼児と児童が一緒に樹名板を設置する活動があった。導入で指導者（筆者）が，森にはたくさんの種類の樹木が生育していることを説明する際に「こんな大きな丸い葉っぱもあるよ」と葉を見せたところ，数人の児童が「オオカメノキだ」と樹種名を答えた。続いて見せたハウチワカエデ，トドマツ，ミズナラ，アズキナシも名前を声に出していた。アズキナシについては，今回の樹名板設置準備で名前を教えたばかりであるだけに驚きであった。これは，児童たちが年下の幼児たちに，良いところを見せようと張り切ったからである。この時の児童たちは，幼児たちに良いところを見せようという他所行きの姿であった。このような異年齢で交流する機会を与えることで，児童たちは集中し記憶を蘇らせ，知識を脳の奥から引き出し，気付きと知識が絡み合う相乗効果が生まれることで気付きの質が深まったと考えられる。

　中名寄小学校４年生のＳ君の，愛読図鑑はよれよれになっている。この児童は誰に命じられているわけではなく，面白いから図鑑を眺め校庭で眼にする昆虫を調べている。図鑑で調べる作業は，昆虫の形態だけではなく，生息環境，発生時期など多くの気付きと知識が往還し学びを深めるのである。児童がこの段階まで達している時の指導法は，認め，尊重し，ほめるなど，気付きの援助にとどめるのが最良である。このように，指導者は知識を教え過ぎず，幼児・児童たちの気付きに寄り添うことも必要である。

　気付きは幼児・児童が能動的に活動して生まれるものであるが，その気付きを深めるためには知識の獲得が重要である。「幼児・児童の自然観察はセンス・オブ・ワンダーが大切だから名前などの知識は教える必要はない」などと，自然への関心・気付きのみを大切にする指導を見かけることがある。しかし，

動植物をしっかりと観察し名前を知り，識別することができなくては，自然の多様性に気付くこと，他と異なる特徴，面白さを知ることはできない。つまり，知識の獲得なくして気付きは深まらないのである。そのためにも，指導者は，幼児・児童たちに疑問を投げかけ，調べ学習を促し知識の習得をさせることや必要に応じて知識を与えることが大切である。そのインプット・アウトプットを繰り返すことで，幼児・児童たちは気付きと知識の獲得との間を往還し，より深く質の高い学びへとつながっていくのである。

引用・参考文献

カーソン，レイチェル『センス・オブ・ワンダー』上遠恵子訳，新潮社，1996年。

中野重人・谷川彰英・無藤隆編『生活科辞典』東京書籍，1996年。

文部科学省『小学校学習指導要領（平成29年告示）解説　生活編』日本文教出版株式会社，2018年 a。

―――『小学校学習指導要領（平成29年告示）解説　理科編』日本文教出版株式会社，2018年 b。

―――『幼稚園教育要領解説・平成30年 3 月』株式会社フレーベル館，2018年 c。

第11章

国語科は何を教える教科なのか

村尾　　聡

　国語科は，何を教える教科なのか。小学校の国語の教科書の中には詩，物語（民話を含む）などの文学作品，説明文，俳句，短歌，さらに読書，作文などの領域がある。もちろん小学校1年生では，ひらがな，カタカナを教え，全学年で約1000字の漢字を教え，文法の指導もする。

　国語科は他の教科と違って「教えにくい」教科だという声を新任の先生からよく聞く。それは主に詩や物語で何をどのように教えたらいいのかわからないからだろう。新出漢字や難語句指導（難しい言葉の意味の指導）をすれば，おおむね詩や物語のストーリーは，わかるからである。実際，物語の授業で新出漢字や難語句指導を終えたあと，教師が「読み聞かせ」をして感想を書かせると，ほとんどの子どもたちが人物について自分なりの感想が書けていた。

　算数や理科では教える内容がはっきりしている。それに対して国語科，とくに文学作品は教える内容がはっきりしないので，登場人物の気持ちや場面の様子，そして登場人物の行動の理由を問う授業が多く見られる。はたしてそれが本当に子どもたちの学力を形成することになるのだろうか。

　本章では，国語科とくに物語で何をどう教えるのか，このことを改めて考えてみたいと思う。

1　新学習指導要領——主体的・対話的で深い学び

　小学校の教育内容は文部科学省の学習指導要領が基本となっている。現在の学習指導要領は，平成29年3月に告示され，令和2年度から全面実施されてい

る。小学校学習指導要領は，ほぼ10年ごとに改訂をくり返しているが，今改訂のキーワードは「主体的・対話的で深い学び」である。平成29年3月告示の新しい小学校学習指導要領（以下「新学習指導要領」と略）「第1章　総則」「第1　小学校の基本と教育課程の役割」には次のように書かれている（以下，引用中の下線はすべて筆者による）。

　　2　学校の教育活動を進めるに当たっては，各学校において，……<u>主体的・対話的で深い学びの実現</u>に向けた授業改善を通して，創意工夫を生かした特色ある教育活動を展開する中で，……児童に生きる力を育むことを目指すものとする（文部科学省，2018，17頁）。

また，「第2章　各教科」「第1節　国語」「第3　指導計画の作成と内容の取り扱い」にも，次のような記述がある。

　　単元など内容や時間のまとまりを見通して，その中で育む資質・能力の育成に向けて，<u>児童の主体的・対話的で深い学びの実現を図るようにすること</u>。その際，言葉による見方・考え方を働かせ，言語活動を通して，言葉の特徴や使い方などを理解し自分の思いや考えを深める学習の充実を図ること（文部科学省，2018，38頁）。

新学習指導要領は以上のように，くり返し「主体的・対話的で深い学び」の実現を求めている。

2　学習指導要領国語科

これまで「総則」の学力観を見てきたが，次に国語科の目標や内容がどのように示されているのかを見ていきたい。新学習指導要領の国語科の目標は次のように書かれている。

　言葉による見方・考え方を働かせ，言語活動を通して，国語で正確に理解し適切に表現する資質・能力を次の通り育成することを目指す（文部科学省，2018，28頁）。

　国語科は「ことばの学習」であり，「言語活動」（「話す・聞く」「書く・読む」学習）を通して，ことばを理解・表現できる力，そしてことばによる思考力・想像力の育成，ことばに関する関心・意欲を高めることが国語科の目的といえる。では，具体的に物語教材で何を教えるのだろうか。新学習指導要領「第2章　各教科」「第1節　国語」「第2　各学年の目標及び内容」において物語教材で何を教えるのかを提示している。以下は，小学校中学年で扱う内容である（文部科学省，2018，34頁）。

（第3学年及び第4学年）
　イ　登場人物の行動や気持ちなどについて，叙述を基に捉えること。
　エ　登場人物の気持ちの変化や性格，情景について，場面の移り変わりと結び付けて具体的に想像すること。
　カ　文章を読んで感じたことや考えたことを共有し，一人一人の感じ方などに違いがあることに気付くこと。

　物語教材で教える内容とは，中学年では「人物の気持ちの変化」を含めた人物像（人物のイメージ）や「情景」を含めた場面の変化を読み取り，感想や意見を交流すること。低学年では話の「順序」に着目させて，「場面の様子」「人物の行動」を含め，話の内容を理解し，感想を持つこと。高学年では，複数の「人物の関係・心情」を含めた人物像，描写を含めた場面の様子を通して，物語を読み取り，意見や感想を交流することとしている。
　要するに，国語科における物語の指導は「人物や場面の様子」「人物の気持ち」を読み取り，物語の内容を理解し，感想を持つことといえる。
　文芸学者の西郷竹彦は，このような「人物や場面の様子」「人物の気持ち」

の読み取りに終始する文学教育を「読解指導」として，次のように述べている（西郷，1989，9–10頁）。

　　読解指導ということを少し大まかに説明したいと思います。（中略）簡単に言うと，その作品の中にある「様子」と「気持ち」と「わけ」の三つのものの読み取りに，つきるのです。様子と言われるものは，人物の様子と，人物をとりまくまわりのものごとの様子と二つに分けることができます。……次に気持ちというのは，もちろん人物の気持ちです。（中略）

　　では，〈わけ〉というのは，何かと言いますと，様子のわけと気持ちのわけの二つに分かれます。気持ちのわけというのは，なぜこのように思ったか，どうして泣いてしまったのかというふうなことのわけであり，様子のわけというのは，なぜそのようなことをしたか，どうしてそのようなことを言ったのか，なぜ，事件がそういうふうに発展したかという原因・動機・理由などのことです。

　新学習指導要領国語科の物語指導における学力観は，人物や場面の「様子」，人物の「気持ち」，そして人物の気持ちの変化を含む人物の言動等の「わけ」を考えさせる授業といえる。これで「主体的・対話的で深い学び」が成立するのか疑問が残ると言わざるをえない。

3　物語教材の指導の実際──『小学校国語指導事例集』

　次に，小学校4年生のすべての教科書に掲載されている『ごんぎつね』（新美南吉作）を例に，この教材で何をどう教えるのかを検討していきたい。物語のあらすじは，以下の通りである。

　昔，中山さまというお殿様がいた頃，村の近くの中山という所にごんぎつねが住んでいた。ごんは独りぼっちの小ぎつねで村に出てきてはいたずらをして

いた。雨上がりの日，村の川で兵十（ひょうじゅう）が魚をとっているのを見つけたごんは，兵十のいないすきに兵十が採った魚やうなぎを面白半分に逃がしてしまう。数日後，村に出かけたごんは兵十のおっかあの葬式に出くわし，兵十のおっかあは病床でうなぎを食べたいと言い，自分がうなぎを逃がしたせいでおっかあが死んだと思い込み反省する。その次の日からごんは兵十の家にこっそり，栗や松茸などを見つからないように届け続ける。

　ある日，ごんはいつものように兵十の家に栗をもって行くが，その姿を兵十に見られてしまう。「いつかうなぎを盗んだごんぎつねが，またいたずらをしにきたな」と思った兵十は，栗や松茸を届けてくれたのがごんであることを知らずに火縄銃で撃ってしまう。兵十はごんが死ぬ間際で，自分のことを心配してくれていたのはごんであることを知ることになる。

　『小学校国語指導事例集』（以下「事例集」と略）は，学習指導要領をふまえた指導の事例が具体的に掲載されているものである。現場の教師たちは，この事例集をよく利用し，これを参考に授業を行っていることが多い。

　この節では，事例集に掲載されている「わたしの『ごんぎつね』を創作し，読み合って感想文を交流しよう」という授業案を検討してみたい。

　この単元（ひとまとまりの授業計画）は「場面設定や人物像などを読み取ったことを生かし，自分なりに物語を再構成する翻作活動を通して，想像力や表現力を豊かにしながら自分の物語世界を作品化し，他者と互いの物語世界を共有し合うことができる」（光村図書，2020，95頁）ことを指導目標にしている。ここでいうところの「翻作活動」とは「何らかの作品をもとにして，それをなぞったり変えたりしながら，自分なりの表現を豊かにする翻訳・創作活動のこと」であり，「「読む」ことと「書く」ことを一体化し，「話す・聞く」までを取り込んだ言語活動を展開しながら，子どもが主体的・対話的に取り組む授業をつくることができる」（光村図書，2020，95頁）としている。

　この単元は第1次と第2次に分かれており，第1次は物語の読み取り，第2次は『ごんぎつね』をもとにした話を自分で作る「翻作活動」である。以下に

単元の流れを要約する（光村図書，2020，96-103頁）。

> 　第１次　第１時　教師の読み聞かせを聞き，物語の感想を書く。
> 　　　　　第２時　自分の書いた物語の感想を交流する。
> 　　　　　第３時　新出漢字を確認・練習し，難語句調べをする。
> 　　　　　第４時　物語の場所・登場人物を確認し，人物像を考える。
> 　第２次　第５時〜第11時　翻作活動「わたしの『ごんぎつね』」を書く。
> 　　　　　第12時　自分の作品のポップカードを書き，互いの作品を読み合う。

　以上が単元の流れであるが，翻作活動の例として「ごんが，お母さんといっしょにいたころの話」とか「物語のあとに続くお話」などが挙げられている（光村図書，2020，100頁）。

　この単元を計画した人の言うように，子どもたちは「主体的に」そして，友達と交流しながら「対話的に」学習するものと思われる。しかし，これが真に「深い」学びと言えるのか疑問が残る。

4　人間の真実を認識させる国語科教育

　真の学力とは，「ほんとうのこと」がわかる力のことである。「ほんとうのこと」とは，ものごとの本質や人間の真実を認識することであり，これこそが「深い」学びといえるのではないだろうか。我々は「ことば」で，ものごとの本質や人間の真実を認識し，そのような認識こそが自らの生と関連付けられ，「生きる力」になるのである。

　『ごんぎつね』でどのような人間の真実を認識させるのか，読解指導をふまえながら，それを越える実践例を紹介したい。以下は，西郷文芸学による『ごんぎつね』の授業記録である（文芸教育研究協議会，2017）。物語の最後の場面，ごんが栗を持って兵十の家にやって来た時，ごんが裏口から入るのを兵十が見つける所である（Ｔは教師の発問，子どもの名前はすべて仮名）。

Ｔ：兵十はこのとき（筆者注―ごんが裏口から入ってくるのを見つけた時）どう思っているんでしょう。

は　な：また，ごんがいたずらをしに来たと思っています。

ゆうこ：兵十は，ごんに怒っていると思います。

たかき：兵十は，怒っていて，どんな気持ちかというと，もう来るなと言う気持ちです。また何かを盗みに来ると思うからです。

（中略）

Ｔ：ごんは盗むつもりはなかったけど，いろいろなことをしましたね。

すみか：大事なうなぎをとりました。

Ｔ：だから，兵十はどんな気持ちかな。

けんた：もう，ガマンができなくなって，火なわじゅうで，ごんをうった。それぐらい怒っている。怒っていて，イライラしている。自分が一生懸命に捕った魚を逃がしたから，また，なんかされるから。だから，怒っています。

Ｔ：にくくてしょうがないのですね。読者であるみんなは，この兵十をどう思いますか。

けんた：怒っているのも，にくいのも分かったけど，でも，ごんに，少しやり過ぎている。まだ何も，聞いてもないし，まだ何も見ていないのに，悪いと思います。

よしこ：けんたくんに似ていて，私たちは，怒りとか憎しみとかは，分かるけど，でも，火なわじゅうで撃つことはないし，一回追い払えばいいと思います。

（中略）

ひろし：兵十の気持ちは分かるけど，そのままにしておいて，殺すのは痛ましくて，それまでやってきたことも悪いけど，自分の怒りだけで行動するのは，兵十も悪いと思います。

Ｔ：なるほど。ごんのきもちを知っているみんなだからね。みんなの心の中に二つの気持ちがあるよね。よしこさんも言っていたように，みんなは，

どちらにも同化していますよね。だから，兵十うたないで，そこまでしなくても，と思う。でも，兵十は，ごんがつぐないをしていたことは知りません。……みんなは，ごんのつぐなう姿を知っていますが，兵十は知らない。だから，兵十の気持ちも分かるよ，となるわけね。

　西郷文芸学では「とおしよみ」でごんの身になり，兵十の身になって「同化体験」し，またごんの引き起こす事件，兵十がごんを撃ち殺す場面を目のあたりにし，感情を伴う「異化体験」をさせる。この場面も，子どもたちは兵十がごんのことを憎々しく思っている気持ち（同化体験）になると同時に，これまでごんに「同化」して読んできているので，兵十がごんを火縄銃で撃とうとする場面を見て「ごんをうたないで」と「異化体験」するのである。
　筆者も「とおしよみ」において，切実な同化体験・異化体験をさせた後，「ごんと兵十の悲劇は，なぜ起きたのか」という問いを子どもたちに投げかけ，話し合わせた。独りぼっちのごんが村人と関わりたいのなら言葉で伝えればいいし，兵十にうなぎを盗んだことを謝りたいのなら，正直に謝ればいいのである。そうすればこのような悲劇は起こらなかったはずである。以下は，筆者による授業記録の一部「まとめよみ」の後に書かせた子どもの感想文である（2002年，筆者による４年生『ごんぎつね』の実践記録）。

　「ごんぎつねの世界とわたしたちの世界とにているところ」
　ごんぎつねの世界と私達の世界とにていることは何かというと，話し合えない関係だということです。私達の世界でも，強い人と弱い人がいて，弱い人は強い人にいやなことを言われても，言い返したら，たたかれたり，けられたりするから，「やめて」とも言えないから，ずっといじめられたりするんだと思います。どうすれば，みんなが幸せになれるのかというと，強い人は，弱い人をいじめるんじゃなくて，弱い人がいじめられたりしていたら，「やめたり」とか言って，かばってあげて，いつでも話し合えるような関係になれば，みんな幸せになれると思います。

　この子は『ごんぎつね』におけるごんと兵十の関係を「話し合えない関係」と抽象化し，悲劇の原因を個人の問題ではなく人物と人物の関係に求めている。そして，その「話し合えない関係」は『ごんぎつね』の世界だけではなく，私たちの世界にもあると一般化している。人と人とが「話し合えない」関係は，言い換えれば「強い人」と「弱い人」の関係であり，それは「いじめ」そのものであるというのである。『ごんぎつね』におけるごんと兵十の関係と「いじめ」という社会現象は客観的には関係のないことである。しかし，「いじめ」における人間関係が「強い人」「弱い人」という一方的な構造であることは否定できない。

　『ごんぎつね』の悲劇について，先に引用した西郷は次のように述べている（西郷，1996，77-78頁）。

　これはきつねの話ですが，だから人間である読者に関係がないということではありません。きつねだからこんな悲劇が起きたのではなく，結局言いたくても言えない立場にあるためにこのような悲劇になってしまったのです。
　学級の中の人間関係の中にも同じようなことがありうるのです。たとえば子どもが何か事件を起こした時，教師は言います。「なぜ早く先生に言わなかったのか」と。ところがそれを先生に言わないのは，先生に普段，語ることがない，つまり語る関係にないからで語りようがないのです。
　（中略）
　子どもの間にもいじめがあります。いじめという状況の中で，本当に言いたいことがあっても相手に対してそれを言うことができない，という状況に置かれているのです。

　『ごんぎつね』における人間理解が即「いじめ」問題についての解決につながるとは言えないが，「話し合えない関係」が学級の中にもあり，その関係性のゆがみがいじめを生んでいるという人間理解は子どもたちの人間認識を広げ，友達との接し方において自らの価値観を新たにするだろう。

5　自らの生き方を問う教科

　国語科は，物語や説明文をただ読解するだけの教科ではなく，人間の真実やものごとの本質を「ことば」で認識させ，自らや自らをとりまく社会や自然，文化を「深く」理解させ，自らの生き方を問う教科なのである。読解指導をふまえながら，物語の意味を問い（例えば，『ごんぎつね』における悲劇の原因を考えること等），人間の真実を認識し，自らの生と関連付けて考えさせるような授業こそ「主体的・対話的で深い学び」を成立させるものとなるのではないだろうか。

注
(1)　「西郷文芸学」とは，文芸学者の西郷竹彦が打ち立てた文学理論・国語教育理論である。

参考文献
西郷竹彦『文芸研　国語教育事典』明治図書，1989年。
───『教科書指導ハンドブック新訂小学4年生の国語』明治図書，1996年。
松田真理「小学校四年　学級の人間関係を意味づける『ごんぎつね』の授業」文芸教育研究協議会編『文芸教育』112号，新読書社，2017年。
光村図書『小学校国語指導事例集』光村図書出版，2020年。
文部科学省『小学校学習指導要領（平成29年3月告示）』東洋館出版社，2018年。

第12章

現在の子どもたちの体力と運動能力

青木　宏樹

　人が健康的に日常生活を営むうえで体力は非常に重要である。しかし，医学や健康科学に関わる専門家以外の人は，体力の重要性を漠然としか理解していない可能性があり，とくに健康な若年者は，それを具体的に考える機会は多くはないかもしれない。一方，体力レベルが低いと子どものうちからすぐに疲れる，姿勢が悪い等といった状態がおこる（図12‐1）。例えば，体力レベルが低い子どもがそのまま成人し就業した場合，職場で長時間作業ができない，作業内容に制限がかかる等の問題もおこるであろう。また，労働ができないだけではなく，日常生活にも支障をきたすおそれもある。つまり，子どもたちの体力の維持・向上は身近な健康問題として，大人だけではなく子どもたち自身に捉

図12‐1　子どもの疲れて座り込んでいる状態および猫背な姿勢

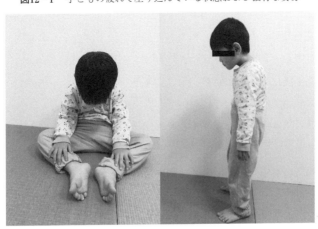

えさせなくてはならない。現在，多くの学校教育現場では体力測定が行われ，在籍する幼児や児童の体力レベルが把握されている。そして体力や体力に関連する運動能力を向上させるためにさまざまな教育的取り組みがなされている。本章では，まず，子どもの体力・運動能力の現状およびその測定方法をおさえ，幼児教育や小学校教育の現場で行われている子どもたちの体力・運動能力を向上させる取り組みを紹介していく。

1　児童の体力・運動能力の現状

　1970年代に子どもの身体の異常が指摘されはじめてから（正木，2011）すでに40年以上が経過しており，この間に，専門家の間で子どもの体力低下が叫ばれるようになった。例えば，鳥居（2015）は，小学校1年生の体力・運動能力は1980年代の小学校1年生の体力・運動能力に比べて低く，幼児期にまでさかのぼってみると，幼児のさまざまな体力・運動能力要素に低下がみられると報告している。一方，近年，マスコミ等で子どもの体力は下げ止まり傾向にあると指摘されるようになった。正木（2011）は，学校が子どもたちの体力づくりに励んだことにより，子どもの体力維持に関して一定の成果が現れてきたと報告している。また野井（2013）は，低下が心配され続けている子どもの体力・運動能力を総合的にみると，必ずしも低い水準ではないと述べている。

　では，実際に現在の子どもの体力・運動能力は下げ止まりの傾向にあるのであろうか。表12-1は全国の令和元年度文部科学省新体力テスト結果（児童）における経年変化を示している。平成30年度をみてみると，男子では上体起こし，長座体前屈，反復横とびにおいて，女子では，上体起こし，長座体前屈，反復横とび，20メートルシャトルラン，50メートル走，立ち幅とび，体力合計点において過去10年間で最も良好な値を示している。とくに過去10年で最も体力合計点が高い女子児童においては体力の低下は下げ止まり傾向にあるのかもしれない。しかし，令和元年度の男子の握力，50メートル走，ソフトボール投げ，体力合計点は過去10年で最も低い値であり，男女ともにソフトボール投げ

表12-1　「文部科学省新体力テスト（児童）における各種目の平均値と体力合計点の経年変化

（男子）

	握力 (kg)	上体起こし (回)	長座体前屈 (cm)	反復横とび (点)	20mシャ トルラン (回)	50m走 (秒)	立ち幅とび (cm)	ソフト ボール投げ (m)	体力合計点 (点)
令和元年度	16.37	19.80	33.24	41.74	50.32	9.42	151.47	21.60	53.61
平成30年度	16.54	19.94	33.31	42.10	52.15	9.37	152.26	22.14	54.21
平成29年度	16.51	19.92	33.16	41.95	52.23	9.37	151.73	22.52	54.16
平成28年度	16.47	19.67	32.88	41.97	51.88	9.38	151.42	22.41	53.93
平成27年度	16.45	19.58	33.05	41.60	51.64	9.37	151.27	22.51	53.81
平成26年度	16.55	19.56	32.87	41.61	51.67	9.38	151.71	22.89	53.91
平成25年度	16.64	19.54	32.73	41.42	51.40	9.38	152.09	23.18	53.87
平成24年度	16.71	19.44	32.59	41.59	51.60	9.36	152.36	23.77	54.07
平成22年度	16.91	19.28	32.58	41.47	51.28	9.38	153.45	25.23	54.36
平成21年度	16.96	19.28	32.55	40.81	50.06	9.37	153.66	25.41	54.19
平成20年度	17.01	19.12	32.68	40.99	49.39	9.39	153.96	25.39	54.19

（女子）

	握力 (kg)	上体起こし (回)	長座体前屈 (cm)	反復横とび (点)	20mシャ トルラン (回)	50m走 (秒)	立ち幅とび (cm)	ソフト ボール投げ (m)	体力合計点 (点)
令和元年度	16.09	18.95	37.62	40.14	40.80	9.63	145.70	13.59	55.59
平成30年度	16.14	18.96	37.63	40.32	41.89	9.60	145.97	13.76	55.90
平成29年度	16.12	18.80	37.44	40.06	41.62	9.60	145.49	13.93	55.72
平成28年度	16.13	18.60	37.22	40.06	41.29	9.61	145.34	13.87	55.54
平成27年度	16.05	18.41	37.45	39.56	40.70	9.62	144.80	13.76	55.19
平成26年度	16.09	18.26	37.22	39.37	40.30	9.63	144.79	13.89	55.01
平成25年度	16.14	18.06	36.89	39.07	39.67	9.64	144.59	13.92	54.71
平成24年度	16.23	17.09	36.70	39.24	39.95	9.63	144.94	14.21	54.87
平成22年度	16.37	17.75	36.79	39.18	39.68	9.65	145.28	14.55	54.91
平成21年度	16.34	17.65	36.64	38.49	38.74	9.64	145.14	14.61	54.60
平成20年度	16.45	17.63	36.64	38.77	38.72	9.64	145.77	14.85	54.85

（出所）　スポーツ庁「令和元年度全国体力・運動能力，運動習慣等調査結果」（第3章基礎集計1 小学校児童の
　　　調査結果），66頁，より引用。

が最も低い値であった。このように測定項目により，低下の傾向は異なること
を理解しておく必要がある。とくに，投能力を評価することができるソフト
ボール投げは低下傾向が顕著であり，過去10年で最も値が大きい年度と令和元
年度を比較すると，男子では3.8メートル以上平均値が低くなっている。よっ
て，前述した子どもの体力・運動能力は下げ止まり傾向にあるという指摘は疑
義がある。

　現在，遊びやスポーツに不可欠な三間とされる「時間」，「空間」および「仲
間」が減少している（文部科学省，2002）。このことは，子どもたちの体力・運
動能力の発達に大きく影響すると考えられる。現在の子どもたちを取り巻く環
境により継続的な運動や遊びの時間を確保することが困難であるならば，小学
校教育現場において，体育授業，業間休みおよび放課後を利用して運動や遊び
の時間を確保することが子どもたちの体力・運動能力の向上のためには必要と
なるであろう。また，小学校教育現場では，定期的に在籍する児童の体力・運
動能力測定を実施し，彼らの体力・運動能力を評価することを勧めたい。児童
の体力・運動能力測定の結果は，彼らの体力・運動能力を向上させるための方
策を検討する際の有効な資料となりうるであろう。

2　幼児および児童が運動遊び感覚で行える体力・運動能力測定

　幼児や低学年児童の体力・運動能力を評価するテストを複数回実施する場合，
彼らが飽きないように楽しんで行えるテスト方法を採用することを勧める。一
方，幼児期から児童期にかけて神経機能が著しく発達するため，その発達過程
を適切に評価することは重要である。

　ここでは，神経機能と密接な関係にある動的平衡能力（動作中の身体を安定さ
せる能力）を評価する平均台歩行テストおよび調整力（身体の動きをコントロール
する能力）を評価する的当てテストを紹介する。両テストは現場で簡便に実施
することができ，また，幼児や小学校低学年児童が運動遊び感覚で楽しみなが
ら行うことができるテストである。

（1）平均台歩行テスト

　対象者が平均台（長さ200セ
ンチ，幅10センチ，高さ30セン
チ）の端から端までを往復歩
行する時間をストップウオッ
チにより測定する（図12‒2）。
対象者にはできる限り速く歩
行すること，また，平均台の
端に巻きつけた幅10センチの
ラインテープに片足が着いた
ら，できる限り早く方向転換

図12‒2　児童の平均台歩行

（出所）　浮田（2019）より引用。

し戻るように指示する（青木ら，2011）。なお，対象者が落下の際に怪我をしな
いように平均台の周りにマットを敷くことを推奨する。

（2）的当てテスト

　スローイングラインから2メートル離れた位置にターゲットサークルを設置
する（図12‒3参照）。対象者には，ターゲットサークルの中心を狙ってテニス
ボールをオーバーハンドスローで投げるように指示をする。対象者は1回の練
習の後，5回投球する。得点は，ターゲットサークルの中心からボールが当た
った場所により7点，5点，3点，1点とする（加納ら，2016）。得点が高いほ
ど力を調節して正確にボールを投げる能力が高いと判断される（テスト方法は
出村，2019，222-223頁より引用）。

　幼児期や児童期に神経機能の発達を促す遊びをたくさん行うことは肝要であ
る。それは，この時期の運動遊びの頻度が将来の運動の好き嫌いに影響を及ぼ
す可能性が高いためである。一方，前述したように，幼児期や児童期における
神経機能の発達を評価することは非常に重要である。そのため，幼児教育や小
学校教育の現場では，園児や児童の動的平衡能力や調整力等を評価するテスト
を実施することを推奨する。幼児や児童の神経機能の発達の程度を認識し，改

図12‑3　的当てテスト風景

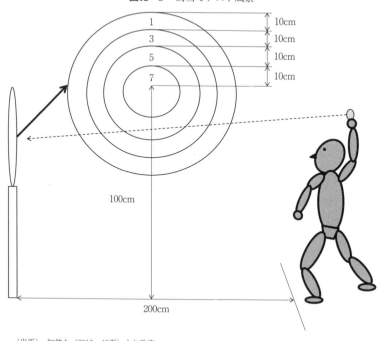

（出所）　加納ら（2016, 40頁）より改変。

善策を講じることは，運動が好きな子どもを増やす運動環境づくりにつながる であろう。

3　児童の体力・運動能力を向上させるための業間運動の取り組み

　小学校では，午前と午後に通常より長い休み時間（業間休み）があり，児童 は各々，運動や遊び，勉強等を行っている。この長い休み時間を利用して，学 年あるいは全校単位で業間運動を実施する小学校もある。小学校の現場におい て，児童の体力や運動能力を向上させるために，彼らが業間休みに継続的に運 動することは非常に有効であろう。

　ここでは，その取り組みの一例を紹介したい。

　K県にある私立小学校では，2018年度，児童の体力・運動能力の向上を目的として，１年生から３年生を対象に，午前中の業間休みに竹馬遊びを導入した。９月から12月までのおよそ３カ月間，児童が竹馬遊びを行った結果，約20パーセントの児童が竹馬歩行ができるようになった。短い時間の竹馬遊びでも継続的に実施すれば一定の効果があらわれる可能性が示された結果となった。

　竹馬遊びは古くからの遊びで広く一般に知られているが，近年，子どもたちの体力向上を目的とした運動遊びとして導入している小学校がみられる。小学校学習指導要領（体育編）に示されている低学年の体つくりの運動遊びは，「体ほぐしの運動遊び」と「多様な動きをつくる運動遊び」から構成され，後者は体のバランスをとる運動遊び，体を移動する運動遊び，用具を操作する運動遊び及び力試しの運動遊びから成る（文部科学省，2018）。用具を操作する運動遊びの中の，用具に乗るなどの動きで構成される運動遊びとして，「足場の低い易しい竹馬などに乗り，歩くこと。」（文部科学省，2018より引用）と竹馬が紹介されている。小学校低学年の体育授業に竹馬遊びを導入することは可能であるが，本著で検討した結果から，小学校の体育授業のみならず業間運動で行う運動としての竹馬遊びの有効性を現場に示唆することができると判断される。

4　幼児の体力・運動能力を向上させるための取り組み

　近年，子どもたちの体力低下が叫ばれ，特に投能力の低下が著しいことが指摘されている。「投運動はヒトの基本的な運動のひとつであり，野球やドッジボールのみならず，ラケットスポーツのスイング動作やバレーボールのサーブ及びスパイク動作等の球技スポーツにも通じる点もあり，投能力の低下は生涯スポーツの選択にも関係すると考えられる」（青木ら，2017，34頁より引用）。現在，幼稚園や小学校といった学校教育現場では，子どもたちの投能力の向上を目的とした取り組みがなされている。

　ここでは，その取り組みの一例を紹介したい。

　S県にある私立幼稚園では，預かり保育の運動教室時に，参加園児を対象に，

図12-4　スカットボーイ

（出所）　山中ら（2016，127頁）より引用。

スカットボーイ（図12-4：直径8センチ，重量140g，エバニュー製）という速く投げると高音がなるボールを利用して，ボール投げトレーニングを行った。トレーニング内容は以下の通りである。

　隣接する施設の体育館で園児に1人10球の遠投を行わせた（図12-5参照）。「先行研究（中野ら，2012）を参考に，ボール投げトレーニングを行う際には，スカットボーイの握り方とともに次の教示を必ず行った。

①　バックスイングを大きくすること

②　大きくステップすること

③　体重移動を大きくすること

④　体を投げる方向に対して必ず横に向けること

⑤　逆腕の引きを利用すること

⑥　投げる瞬間に手首を返すこと

⑦　頭の上より高くスカットボーイを投げること

　ボール投げトレーニングは，週1回×7週の期間に行われた。対象園児は任意で運動教室に参加していたため参加回数はそれぞれ異なり，3～7回にわたっていた」（山中ら，2016，124頁より引用）。

図12-5　ボール投げトレーニング風景

（出所）山中ら（2016, 127頁）より引用。

　ボール投げトレーニングの効果を検証するために，男児36名を対象に，ボール投げトレーニング前後に彼らのソフトボールとテニスボールの遠投距離を測定した。結果，テニスボールの遠投距離において，トレーニング後の方がトレーニング前よりも距離が長かった（山中ら，2016）。この結果から，スカットボーイを利用して幼児にボール投げトレーニングを行うと，投能力（遠投能力）が向上する可能性が示唆された。

　これまでに，数多くの報告で，子どもたちの投能力の向上を目的としたトレーニング（練習）の効果が検証されている。本章で紹介したスカットボーイを利用したボール投げトレーニングは，幼児が楽しみながら自身の遠投能力を向上させることができる有効なトレーニング法であることを幼児教育の現場に提示することができるであろう。

5　健康で安全な生活を生涯おくるために

　以上，本章では，児童の体力・運動能力の現状および幼児教育や小学校教育の現場で行われている幼児や児童の体力・運動能力を向上させるための取り組

みの例を紹介してきた。体力の低下は日常生活に支障をきたし，疾病の要因となる。その疾病が原因で死に至るケースもある。また，子どもたちの体力・運動能力の低下は生涯スポーツの実施や選択にも影響し，ひいてはそのことが健康の獲得にも影響を及ぼすと考えられる。子どもたちが自身の命を守るためには，自らが主体的に健康を獲得する必要がある。

　現在，小学校教育の現場では，児童の健康な心と体を育む教育がなされている。彼らが，将来にわたる健康を獲得するための術を身につけるためには，児童期に受ける健康教育が重要となる。また，心と体が健康で生き生きとした活力のある児童を育てるために体育授業が果たす役割は非常に大きい。教員はこれらのことを念頭においたうえで，児童が健康の維持増進に興味関心をもち，それを図ることができるようになる体育授業づくりを行う必要があろう。

　将来，保育職や小学校教員を目指す方，あるいはその職業に興味がある方に，人が生涯命と健康を守るためには，幼児期や児童期からの健康教育が非常に重要となることの理解を求めたい。なお，高野山大学文学部教育学科では，授業を通して，子どもたちが健康で安全な生活をおくるために必要な情報を随時提供していくので，ご期待いただきたい。

引用・参考文献

青木宏樹・出村慎一・春日晃章・辛紹熙・川端悠「幼児の障害物を設置した平均台歩行時間の性差および年齢差」『教育医学』（56）352-355頁，2011年。

青木宏樹・出村慎一・内田雄「小学校低学年児童におけるキャッチボール頻度と遠投距離の関係及びその性差」『北陸体育学会紀要』（53）33-38頁，2017年。

浮田咲子「竹馬歩行が可能な小学生の平均台歩行時間」日本運動・スポーツ科学学会第26回大会（ポスター発表），2019年。

加納裕久・久我アレキサンデル・球腰和典・丸山真司「幼児期における定位能力・分化能力の発達的特性——投・跳動作に着目して」『発育発達研究』（70）36-47頁，2016年。

スポーツ庁「令和元年度全国体力・運動能力，運動習慣等調査結果」2019年（https://www.mext.go.jp/sports/content/20191225-spt_sseisaku02-000003330_7.pdf）。

出村慎一監修『健康・スポーツ科学のための動作と体力の測定法　ここが知りたかっ

た測定と評価のコツ』杏林書院，222-223頁，2019年。

鳥居俊「幼児の運動能力の現状と，運動発達における幼児期の意義（第25回日本臨床スポーツ医学会学術集会，教育研修集講演）」『日本臨床スポーツ医学会誌』23(3)，350-355頁，2015年。

中野貴博・春日晃章・村瀬智彦「幼児期の走・跳・投動作獲得に関する質的評価の信頼性・妥当性——項目反応理論を適用した質的評価の検討」『東海保健体育科学』(34) 13-22頁，2012年。

野井真吾『からだの"おかしさ"を科学する——すこやかな子どもへ6つの提案』かもがわ出版，88-103頁，2013年。

正木健雄「子どもたちの「からだ」の変化を見つめ続けて」『健康教室』(62) 15-17頁，2011年。

文部科学省「子どもの体力向上のための総合的な方策について（答申）」2002年（https://www.mext.go.jp/b_menu/shingi/chukyo/chukyo0/toushin/021001a.htm#g0203）。

———『小学校学習指導要領（平成29年告示）解説 体育編』東洋館出版社，2018年。

山中博史・青木宏樹・佐藤尚武「ボールの違いが幼児の遠投距離及びボール投げトレーニング効果に及ぼす影響」『滋賀短期大学研究紀要』第41号，123-128頁，2016年。

第13章

高野山大学における英語教育の実践と教育学科での展望

伊藤佳世子

1 背　景

2017（平成29）年に改訂された学習指導要領において，外国語科の目標は「コミュニケーションを図る基礎となる資質・能力を育成すること」とある。また学習指導要領解説では，コミュニケーション活動をする過程において，「「見方・考え方」を働かせながら，……学ぶことの意味と自分の生活，人生や社会，世界の在り方を主体的に結び付ける学びが実現され，生きて働く力として育まれることになる」と具体的に示すことで，国際的な舞台においても自己表現できる人材を育成するよう指導者に求めている。しかしながら，予期せず世界的に蔓延した新型コロナウイルス（COVID-19）のために，ZOOM等を使った遠隔授業形態を余儀なくされた大学教育の現場では，インターアクションの機会が大幅に奪われることになってしまった。そのような状況の中で，大学だけでなく教育に関わるあらゆる所で，これまでとは異なった指導法で学習効果を高める必要が生じ，指導者はさまざまな学習手法を模索しながら授業を進めている。またそれに対応すべく多様な手法の実践例が次々と報告されている。

高野山大学の英語教育においても，上記のような状況に加えて，元来，学内で執り行われている「得度」「受戒」「加行」のように僧侶資格を取得するためのさまざまなプログラムのために，講義に出席できない場合を考慮した英語学習を行ってきた。本章ではその学習法を紹介し，新たに設立される教育学科における，英語4技能5領域，とくにインターアクションを重要視した英語プロ

グラムについて述べる。

2　高野山大学における英語教育──これまでの英語教育

　同校でのこれまでの英語指導は，リスニングとリーディング教材としてオンライン教材（LincEnglish）を，また発音指導やプレゼンテーション指導のためにシャドーイング（以下 SH と略す）学習システムを使用してきた。いずれもパソコンだけでなく携帯電話やタブレットでの学習が可能であるから，時間や場所を選ばないので利便性に優れている。そのため講義以外にも，自主学習用のイーラーニングシステムとして活用してきた。これらのシステムはとくに，欠席せざるを得ない学生にとって学習に遅れを出さないために有用であった。

　まずこの2つのシステムのうち LincEnglish から見ていく。これは米国モンタナ・ワシントン・カリフォルニア大学と東北大学が共同開発した英語学習システムである。この特徴として，教材は主に TOEIC や英検でのスコアアップに重点を置き，リスニング部門とリーディング部門，スピーキング部門，ライティング部門からなっている。ドリル学習形式で構成され，英検5級から英検準1級までの18段階が含まれており，学習者のレベルに併せて教材を選ぶことができる。学習者は最初にプレ・テストを受け，指導者と相談しながら個別に最終目標に至る学習計画を立て，1レッスン終了するたびに，講義で学習した文法や語彙の確認のためのレビュー・テストを受ける。この教材はリーディングとリスニングそれぞれのレベル設定が細かく分かれているので，学習者の進捗度を考慮しながら，指導者はレベルを調整することができる。クラス全員につき前期と後期それぞれで学習しなければならない基本的なレッスンは決められているが，これまで受講した学生のなかにはその基本量の数倍のレッスン量を修了する者も少なからずいた。このように個人のモチベーションや学習目的に合わせて，さらに上位のレベルへとあげていくことも可能であった。

　次に SH 学習に関して，これは英語の4技能を向上させるためには欠かせない手法で，これまで主に同時通訳の訓練手法として使われてきた。文字通り

図13 - 1　外国語習得を促進するシャドーイングの４つの効果：インプット処理・プラクティス・アウトプット産出・モニタリング

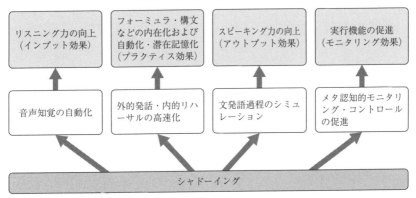

（出所）　門田（2018, 186頁）より転載。

"shadow" は「影のようにつきまとう／尾行する」ことで，聞こえてくる英語のモデル音声を，遅くとも1.5秒以内に口頭で復唱することを求められるので，英語特有の発音・リズム・イントネーションの習得を促進することができる。図13 - 1でそのメカニズムが示されているように，SHはリスニング力はもちろんのこと，リーディングやスピーキングの技能を高め，実践的なコミュニケーション能力を伸ばす効果があることが立証されている（門田，2018）。実際に筆者も2015年，大学生約2000人を対象にしたSH学習を１年間継続的に実施した結果，SHの練習量が多くなるほどTOEICのスコアが伸長することを確認している。[(1)]

SH学習の手法は，以下の順序で行う。

① 　マンブリング（mumbling）：テキストを見ないでモデル音声が聞こえたら口の中で呟くように英文を繰り返す

② 　プロソディーSH（prosody shadowing）：テキストを見ないでモデル音声が聞こえたら，イントネーションや韻律に注意して，はっきりと声に出してSHする

表13-1 SH学習の評価

評価ランク	評価Ⅰ	評価Ⅱ	評価Ⅲ	評価Ⅳ	評価Ⅴ
発話率	発話なし	1～35%	36～70%	71～99%	100%

図13-2 SH がもたらした評価の変化

（1年生　プレ・シャドーイング）

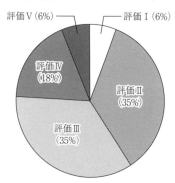

（1年生　ポスト・シャドーイング）

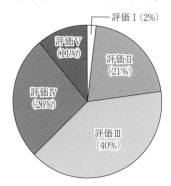

（2年生　プレ・シャドーイング）

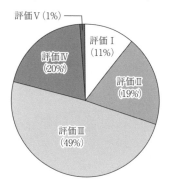

（2年生　ポスト・シャドーイング）

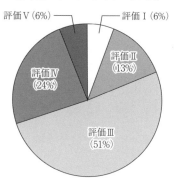

③　パラレル・リーディング（parallel reading）：テキストを目で追いながら単語の意味や文構造を確認する

④　コンテンツ SH（contents shadowing）：テキストを見ないで単語の意味や統語（文法）情報，英文の内容を理解しながら SH する

なお③パラレル・リーディングが終了した段階で，再度，②プロソディー

図13-3　SH学習の実践で使用したシステム

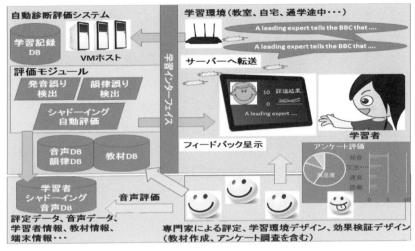

（出所）　筆者作成。

SHを繰り返し練習し，スラスラと再生できるようになってから，④コンテンツSHに移行すると効果的な学習となる。

　高野山大学においても，過去2年間におけるSH学習の成果（表13-1，図13-2）は顕著であった（伊藤，2020）。なお図13-2は，ネイティブを含む数名の英語教員で手動評価をして，再生できない箇所や誤った発音をしている箇所を特定し，最終的に表13-1の基準に基づき5段評価をした結果である。図中のパーセンテージは1年生25名，2年生25名の学生数に対する割合を表す。

　これまで発音が苦手であるという感覚を漠然と抱いていた学習者にとって，また一度も自らの発音を録音し，聞き直したことがなかった学習者にとって，このSH学習は「気付き」を得ることができるものであった。なぜなら最終的に評価の段階で，指導者が個々に再生困難であった単語が，「消える音」「変化する音」「つながる音」という，英語独自の音変化のどれに相当するかを，また単文・重文・複文という文法構造別による再生率をフィードバックで明らかにしたからである。このSH学習で実践するにあたり使用したシステムは図

13-3 である。[(2)]

　次に SH 教材に関して，これまで出版されているものは SH に特化したもの
が少なく，通常リーディング教材を使用している場合が多い。なかには約300
〜800語からなる英文を，英文の長さだけで分け段階別にして SH させている，
つまり，上級になるにつれて課題文が長くなる（それ以外の工夫が見られない）
テキストもある。またたとえ SH 専用テキストであってもトピック・ベースが
中心である。これらは英文が長すぎるために学習者が途中で再生を断念する可
能性がある。また学習者が興味を持ちそうな内容を選ぶことにこだわりすぎて，
日本人が聞き取り難い単語の配列をほとんど考慮していないものがあることも
事実である。そのため高野山大学では独自の SH 教材を作成した。作成にあた
ってはこれまでの SH 研究の結果に加えて，新たに学習者の音声データを収集
し，留意すべき発音の確認，課題文中で発話困難な箇所を確認した結果を
IRT 分析[(3)]や基本統計量などを使用して計算し，課題文の難易度や学生が発話
できない箇所を分析・検討した（坪田・伊藤，2017）。さらに SH 練習を自律的
に続けさせることを目的として，英文の長さや難易度等に関する学習者のアン
ケート結果も加味した。またこの SH テキストの特徴として，高野山大学のよ
うに，同じ教室で学習者間の英語力に比較的大きな差が生じた場合や，そのよ
うな差異がない場合であっても，基礎から発展というように段階的に難易度を
あげることができる 2 段階構成になっている。

3　教育学科での英語指導計画

　高野山大学教育学科では，国内外を問わず，将来教育現場で活躍することが
できる人材を育成することを目標にしている。そのために以下の 3 つの具体的
な指導計画が準備されている。
　1) 利便性に優れた学習システムによるコンピューター・リテラシーの向上
　2) 国際的視野を養うための留学
　3) 国際ガイドや Web 上のプレゼンによるコミュニケーション能力の育成

次にそれぞれを見ていく。

1)　利便性に優れた学習システムによるコンピューター・リテラシーの向上

　教育学科では，従来と同様に学習環境や利便性を考慮するのはもちろんのこと，さらに遠隔講義を実施する場合や，何よりも教職を目指す学習者のために，新たなマルチ・ディバイス対応での英語学習を準備している。まずリーディングやリスニング用に使用していた LincEnglish には含まれていなかった，リアルタイムに近いニュースを週3回配信している ABLish（エイブリッシュ）教材[(4)]を導入する。その教材を使用することで，刻々と変わる社会状況を伝える英語表現を視覚的（reading）また聴覚的（listening）に学習し，留学先に関するさまざまな情報も国際ニュースで入手することができる。また従来と最も異なる特色として，ABLish はリスニングやリーディング力の向上を図るだけでなく，プレゼンテーション学習としても使用することができる。学習者はニュースに関する意見を表現するパワーポイントや YouTube 動画を作成し，ABLish のクラウド上で共有できるのである。それらの作品は，大学内だけでなく許可された学外のさまざまな人々に公開することができ，その成果のフィードバックを受けることが可能である。コミュニケーション能力は，指導者がすべてを作成した資料を元に，学習者間でその内容についてただ話し合うだけでは育むことが困難である。ある目的に向かって共同で何かを創り出す過程を採り入れることにより，さらに効果的な双方向型の成果が得られるであろう。その意味においてコミュニケーション能力育成のためには，ABLish のプレゼン公開で第三者からの建設的な評価を得て，学習意欲の向上につなげることは重要である。これにより学習者はさらに自主的かつ積極的に学習に取り組むことになるからである。

　次に新たな SH 学習に関して，学習装置がいくらすぐれていても，学習者は使い慣れないものに抵抗感を持つ傾向があることが，これまでのアンケート調査で明らかになった。つまり学習用として開発されたシステムにログインするために ID やパスワードを入力する等，作業工程が一つ増える度に学習者のモ

チベーションは下がる傾向にある。そのため今後は，このような学習者やパソコンが苦手な学習者であっても，彼らが日常抵抗なく使用している LINE やオープン・チャットの機能を使用して SH 学習を実施することになる。このアプリにより，これまでのシステムでは音声データとテキストだけしか含まれていなかったものが，テキストの内容に即した画像を取り入れることができるようになった。

　例えば国際ガイドのクラスで使用する高野山「根本大塔」の説明を，英語で繰り返し SH 練習しながら，そのイメージを映像で確認することができるのである。さらにプレゼンテーションの準備として，学習者が作成した英文を人工音声に変換し，覚えるまで何度も繰り返し再生し，SH 練習することも可能になった。一方，指導者側は ABLish と LINE での SH 学習のどちらにおいても，学習者がいつ，どのくらいの時間，どの教材を学習したのかをどこからでも即座に知ることができ，また学習者の音声内容すべてを把握することができるようにしている。

2)　国際的視野を養うための留学

　現在，高野山大学では高野山真言宗国際局とシアトル高野山との連携のもと，アメリカのシアトルにて春休暇期間中の3カ月間，語学研修や開教寺院での研修を受けることができる制度がある。これは学生が卒業後，密教学の広がりに貢献できるようになるために，国際布教を視野に入れたものである。

　教育学科では新たな留学制度を計画している。新留学制度では，語学力の向上はもちろんのこと，留学経験それ自体も目的としている。つまり，学習者が教師となった時，その経験を伝えることを通して，児童の英語学習へのモチベーションを上げるという，将来重要な役割を担うことになると期待しているのだ。そのため教育学科では，今後アメリカ，カナダ，ヨーロッパ，アジアの大学に留学先を拡大していく予定である。

　留学のための準備段階として，英語コミュニケーションの講義中だけでなく，1年生からすべての英語クラスで英語による講義を実施する。また留学中に体

験することになるさまざまな場面, 例えば空港, 大学生活, 急な医療機関での受診における会話をロール・プレイを用いて学習するほか, 留学に必要な書類の手続きに関する英語表現も学習する。そして留学中は ZOOM 等を利用して, 現地での講義や生活等に関して, 学習者支援を行うことになる。さらに留学後はその成果をまとめて発表会を開催し, 後輩のためのアドバイザーになるような人材を育成する。

3)　国際ガイドや Web 上のプレゼンによるコミュニケーション能力の育成
　これまで高野山大学 1 年生と 2 年生の英語学習において, 海外からの観光客に向けて,「奥の院」や「壇上伽藍」等の建造物や, それらにまつわる歴史や逸話を英語で紹介するという課外活動を大学祭で行ってきた。また毎年 6 月 15 日に, 弘法大師の誕生を記念する行事で約1500人が参加する「青葉祭」が開催されるが, その際, 宿坊での精進料理についてのプレゼンテーションを, 海外の大学とスカイプを通して実施し, そのコメントを受けることができた。いずれの場合も観光客や海外の学生や教授陣から好評であった。このようなコミュニケーション活動を通して, 学習者はプレゼンテーションの成果を実感することができ, 英語学習に対するモチベーション・アップにも繋がった。上記をもとに教育学科では, これまでのガイド体験の内容に加えて, 高野山観光で観光客用に貸し出されている音声ガイドや看板の情報には掲載されていない真言密教や, それに伴う儀式, また法衣の種類等というように高野山大学ならではのトピックスを採り入れ, さらに充実した内容を揃えていくことになっている。その計画の最初のステップとして, 精進料理専門の英語テキストを辻調理師専門学校の英語教員と協力して作成した (石井, 2020)。
　学習者は, さまざまなことを英語で表現し, Web を通してイーラーニングで SH 学習をし, 実際の観光ガイドにのぞむ予定である。
　また観光ガイドの専門家, 異文化交流を積極的に行っている人々, 海外から招いた講師等, さまざまな分野からエキスパートを迎えて, 定期的に講演してもらうことを予定している。

4　教育学科における展望

　高野山大学の理念は「かけ替えのない生命に目覚め，自己の可能性を大切に」することである。つまり孤立・固定・独存することなく無限のネットワークによって結びつくことを意味する。それはまさにコミュニケーション力を培うことにより成り立つことである。そのため教育学科においても，先述したWebを使用したマルチ・ディバイス対応での英語学習，留学体験，国際ガイドと英語でのプレゼンテーションを通して，この理念に基づいた英語教育を実践していく。これらの活動を通して，学習者の無限の可能性を引き出すための方向性，時期，またどのように引き出すのかの計画と準備はすでに整っている。

注

⑴　本研究では，SH教材に必要な要因が何であるかを分析し，その知見に基づいて効果的な教材データベースを構築することが目的であり，これらを約2000人規模の教養課程で使用し効果を検証した。システムの内容は，SHコンテンツ音声再生，等倍再生（×1）⇒1.3倍再生，繰返し再生，原文表示・非表示切替，復唱録音・提出である。なお使用したSHシステムの概要は右頁の図のように示すことができる（2014年度　京都大学総長裁量経費（研究代表者：伊藤佳世子）「リスニング強化のためのシャドーイング訓練を自主学習できるシステムを構築する」）。

⑵　ここで紹介した学習システムは，文部科学省科学研究費補助金基盤研究（B）16H03447（代表：伊藤佳世子）「自律的な英語学習を目指した自動評価と教材データベースの開発研究」に基づく。この研究は自律的な練習を継続し，学習意欲を高めるための診断的な自己評価システムを最新の音声情報工学技術を使って開発するものである。SH学習にとって，その成果を点数化し，誤りを指摘する評価・フィードバックが必要である。またSHの英語レベルが適切で，内容的に興味関心を持つことができる教材を多く提供することも重要である。SH練習の「やる気」を引き出すためには，どのように評価し，どのような教材を提供する必要があるかに関する体系的な調査や研究はこれまでほとんど行われていなかった。そこで本研究では，英語のSH練習に対する学習意欲が高まり，また自律的な学習が継続できることを目指して，①学習者が客観的に自己評価できる自動評価システムを開発，

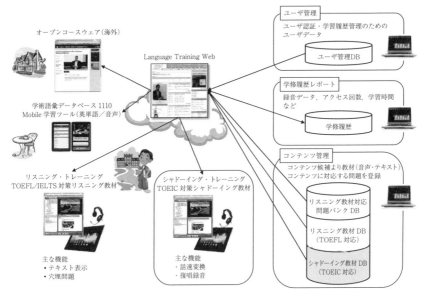

（出所）筆者作成。

②各英語レベルの学習者にとって適切で，興味・関心をもてる教材とはどのような
ものなのかを調査し，その調査結果に基づいて教材選択の基準を策定し，教材デー
タベースを構築，③この教材データベースを自動評価システムに組込み，タブレッ
ト PC やスマートフォンで練習が可能なイーラーニング型の SH 学習システムを学
生を対象に実践した。そして総合的英語熟達度の伸長，学習意欲と学習継続性の向
上などの点から効果検証を実施した。

(3) IRT（Item Response Theory）：能力値や難易度のパラメータを推定し，データ
がモデルにどれくらい適合しているかを確かめ評価項目の適切さを吟味する。

(4) ABLish の教材には，7 つのジャンル（自然・科学，人間・文化，政治・経済，
産業・技術，国際・国際社会，健康・医療，スポーツ・芸能）があり各トピックに
は内容把握問題が付けられている。

引用・参考文献

石井研司『料理屋で使えるおもてなし英語——精進料理』辻調理師専門学校，2020年。
伊藤佳世子「高野山大学における英語指導の実践報告とシャドーイング指導法の検

　討」『高野山大学論叢』第55巻，2020年，81-90頁。

門田修平『外国語を話せるようになるしくみ』SB Creative，2018年。

坪田康・伊藤佳世子「日本人大学生に対する音声評価結果の分析」大学英語教育学会
　　（JACET）関西支部主催，2017年。

第14章

地域との連携から学ぶ
—— 学生による出張音楽活動

植田恵理子

1 地域との連携で学ぶこと

（1）地域連携での学びが育むもの

　地域との連携で学ぶことは，大学生にとって大変貴重な経験になり得るが，そこで学んだことを，学生自身の専門性にどのようにつなげるかは大きな課題である。例えば，教育学部の学生が幼稚園の保育ボランティアに参加した場合，単に子どもとのかかわりを体験するだけではなく，大学でのさまざまな授業で習得したことが，なぜ，どのように必要なのかをそれぞれが認識し，実践知として身につけることこそ重要なのである。学生が実感した「気づき・学び」は，授業で習得する知識・技能活用の目的と意味を深く理解し，将来，教育機関で必要な実践力を主体的に身につける姿勢につながるからである。大学時代に授業等で地域と連携して学ぶことは，地域に根付き，共生するための在り方を考える機会を得ることになり，教育者となった時に，子どもだけを見るのではなく，子どもを取り巻く環境を考えた上で，保育・教育を計画する力を身につけることにつながる。すなわち，地域と連携した授業は，常に子どもたちへの教育方法を自問自答しながら，「職場や，地域の状況を踏まえ，そこで求められる教育を考えて働く教員」を育てることになると考える。

（2）大学の授業における地域連携音楽活動

　筆者は，上記の考えをもとに，大学の音楽・表現関連授業の中で，地域と連携して行う音楽活動を継続して進めている。方法としては，ピアノ演習授業で，

子どものイメージを広げる効果音，子どもの自由な動きに対応した伴奏アレンジ等を取り入れた奏法を学生に指導する。学生は，保育内容（表現）等の授業で，上記の奏法を取り入れた「子どもの表現を豊かに広げるための音楽活動」を考案し，近隣の幼稚園等で実践するのである。地域の教育機関と連携して音楽活動を実施するまでの過程で学生はさまざまなことを学んでいくが，これらの学びは単に音楽技能を身につけ，活動を作り上げる企画力を培うだけにはとどまらず，保育・教育の質向上に直接かかわる「力」を身につけることにつながっていく。本章は，学生が施設・保育所・幼稚園との地域連携音楽活動で身につけた力と，その力を最終的に自分の専門性に活かすまでのプロセスを，筆者の体験も交えて記したいと考える。

2　4回生の地域連携音楽活動の実践——参加型読み聞かせ「音の絵本」

（1）はじめての地域連携活動

　今から7年ほど前の4月，筆者は4回生ゼミの初日授業で，「地域の保育園や施設，幼稚園等で，6月に音楽の公演を行ってみないか」と提案した。ゼミ生10名は騒然となり，無理だという声や，音楽は苦手だという声も挙がった。筆者は，「やりたいと思うのであれば，私が6月にできるように園に交渉する。その後の交渉は手伝うので，学生主導でやってほしい。3年間で学んできた知識や技能を，子どものために役立てる機会だと思うのであれば，やってみればよい」と伝え，学生たちが話し合えるように席を外した。しばらくして教室に戻ると，学生たちは，「話し合った結果，やってみることにしました。やらせてください」と応えた。こうして，4回生による地域教育機関と連携した音楽活動がスタートし，6月に実施した児童発達支援センターでの公演を皮切りに，学生たちは幼稚園等3施設を対象に交渉を行い，30〜60名ほどの園児と教員の前で，「音の絵本」という参加型読み聞かせ活動を行った。その後，筆者はゼミだけではなく，音楽関連の授業でも「音の絵本」を企画する試みを継続して行い，最近では，2020年1月に，勤務先の近隣保育所で出張公演を行っている。

（2）「音の絵本」について

　「音の絵本」とは，筆者が，2000〜2009年の間，市町村・各教育委員会と共催で行った，絵本をもとにした参加体験型のコンサートである。約90分の公演の中には観客が参加する場面が十数カ所あるが，多くの子どもイベントで行われる，一緒に歌ったり，拍手を行ったりする等の参加だけではない。例えば，「さるかに合戦」では，ナレーター役であるおじいさんに必要な大道具（巨大なおにぎり）を参加者全員で観客席から舞台に送る，「西遊記」では，金角・銀角を封じ込めるために，グルーピングした観客席に囲い込み棒を流して2人を捕まえる，「シンデレラ」では，閉じ込められているシンデレラを助けるために，鍵を会場全体で探す等，物語の流れ，結末等にかかわる参加が多数用意されているのである。観客が動かなければ物語が進行しない状況の中で，子どもも大人も物語の一役を担い，当日初めて出会った隣の人と協力して舞台の役者を助けつつ物語を進めていく。以上のような，「さまざまな立場の子どもが，同じ目的を持ち，協同して何かを成し遂げる」「考え，判断し，実践する」ことが，筆者が「音の絵本」で子どもに一番体験してもらいたいテーマである。その趣旨を各市町村の教育委員会に提案し，共催許可を受け，さまざまな市で公演を行ってきた。

　筆者もはじめの頃は勉強不足で，子どものためだけの教育的視点（児童教育イベントとしての考え）をもって各市と交渉し，対立することもあった。しかし，筆者が企画した音の絵本コンサートは，各市の文化イベントの一つだということを，市職員との会議を重ねるごとに理解できるようになった。それは，「子ども」のことだけしか考えていない筆者にとって，考えさせられる経験になっただけではなく，子どもが地域の一員であることを実感する機会となったのである。日時の設定を各市と交渉するだけでも，市の定例行事等を避けて，同じようなイベントが重ならないように考慮し，市民の生活スタイル（共働きが多い地区等）を踏まえて，親子で参加できる無理のない日時を，市と情報を共有しながら考える必要があった。例えば，筆者は子どものイベントであるから，週末の朝から午後の早い時間に実施することを主張していたが，市から，共働

き世帯は，週末の朝に公演時間を設定しても，保護者に負担がかかり，それが当日キャンセルにつながると言われ，そのほかにも，高齢者への配慮，乳幼児のための控室，喫煙所の整備，障害がある児童・大人への配慮，会場内の車いすの位置（誘導等含），コンサート中の不慮の事故の対応，母子家庭・市に在留する外国人・帰国子女への配慮等，さまざまな配慮が必要になることを学んだ。単に公演を行うのではなく，地域ならではの，地域に根差した企画にするために必要なことを考え，それに必要なノウハウを学び，そこで初めて筆者の音楽の技能・知識を役立てることができるのである。各市町村職員との企画会議では，地域の子どもを取り巻く社会に対する状況を踏まえて，イベントを考える必要性を学んだ。

3　出張音楽活動における 4 回生の学び

　前節の 4 回生は，筆者の経験から得た助言をもとに，30分の「音の絵本」を企画した。絵本を題材に，新たな場面やセリフを考えて脚本を作り，劇中の挿入歌，効果音，ダンスパフォーマンス，子どもに参加してもらう場面，それに必要な大道具，小道具の配置等を考え，園との交渉に必要な書類を整え，何度も現場の先生方と連絡を取り合って実現させたのである。この企画は，音楽の授業を苦手としていた学生の態度を見事に覆し，ゼミ生全員が，今までに習得した，子ども理解，障害のある子ども，保育内容等の知識を総動員して考える活動となった。以下に，4 回生の学びを記したい。

（1）児童発達支援センター──職員会議経験と学び
　4 月の末日，筆者は，6 月にコンサートを行う予定の児童発達支援センターを訪れた。学生が子どもたちの前で「音の絵本」公演を単に実施するだけではなく，地域の発達支援センターで音楽活動を行うことの意味を考えさせたいという趣旨説明と実施願いのためである。地域の施設で何かを経験するだけでも大変意義のあることだが，教育学部の学生は「実習」という体験を行うので，

実習の短い時間では実現不可能な，「学生と職員がともに考え，趣旨を全員で練り直し，活動を形にする」ことを，経験してほしいという思いがあった。学生は，筆者が初めて市町村と連携して「音の絵本」を行った時のように，「施設の子どもを楽しませたい」という純粋な気持ちで，「子ども」を中心に公演について考えていることが予想された。その学生の思いを大切にしつつ，施設の一行事として「音の絵本」を捉える力を身につけ，地域と連携してさまざまなことを学んでほしいと願ったのである。施設側は筆者の体験談と学生への考えを理解してくれただけではなく，将来，施設保育士になる可能性がある学生に，実習だけではなかなか伝えられないことを教える機会になると，職員会議に参加することを提案してくれたのである。

　職員会議当日になり，緊張する学生の代表を引き連れて児童発達支援センターを訪れ，会議に臨んだ。企画書をもとにした15分ほどの学生の説明を聞いた後，施設長が，「将来保育の道を志す学生と捉え，ここにいる職員と対等な立場として質問したい」と前置きし，多くの職員が質問をしてくださった。まず，企画書の日時について設定の意図を尋ねられた。学生は，6月に設定した理由として，子どもが入所後2カ月を経過しているので，環境に慣れ，気持ちが落ち着いていると思うこと，その時期に施設の大きな行事がないことを挙げた。施設側は，日時設定を行う際，入所児童の兄弟姉妹が健常児であることも多いので，兄弟姉妹と一緒に参加できるように，地域の学校休暇期間や行事について，状況を調べる必要があること，また，地域の他のイベントと重ならず，親子で参加できる時間帯，その他，地域特有のさまざまな条件を考慮して定める必要があることを指摘した。日時一つ決めるだけでも，入所児童やその入所施設のことだけを考えるのではなく，幼児を取り巻く状況について知り理解すること，幼児にかかわる幅広い年齢層への配慮を考えることを，「質問」という形で学生に教えてくれたのである。また，他の職員からは，障害のある子どもの前でイベントを行うための保護者対応について質問が出た。学生は返答に詰まっていたが，施設側は，特別な行事を施設で行う場合は保護者のサポートが不可欠であること，保護者の理解と協力を得て施設は機能していること等，

施設の立場を踏まえたイベントの在り方を，わかりやすく学生に説明してくれた。

　会議を終えた後，代表の学生たちは職員会議に参加できなかった学生と話し合いの場を設けた。まず，代表の学生が，夕方から時間をかけて職員会議が行われ，ここまで深くていねいに考えて職員が子どもの保育に当たっているという事実，何かを定める際は，「子ども」だけではなく，子どもを取り巻く状況まで考える必要性があること等を報告し，その後は，施設側が提示した課題解決に向けて全員で話し合いが行われた。学生たちは，入所児童のことだけを考えていた自分たちの甘さを再認識し，大学で学んだ，障害のある子どもの症例，保育環境，施設の機能と役割等を調べ，イベントの内容を練り直す必要性を強く感じたという。その後，学生から，施設，保護者の立場を考えた日時設定，子どもの生活を乱さないための配慮，個々の症例を踏まえた無理のない子どもの参加を心がけて企画を修正したと報告が入った。「音の絵本」で，子どもを楽しませることを第一に考えていた学生たちだったが，職員会議での学びで，児童発達支援センターで特別な行事を行う難しさを知り，パニック等を起こす子どもにとって，外部の人間がいきなり乗り込んで活動を行うことの危険性を認識し，子どもの生活の流れを大切にしたイベントを，施設職員とともに考えていくようになったのである。大学で得た知識が，施設の理念に合わせたイベントのために活かされ，職員と話し合ったことが，子どもを取り巻く状況を考えて活動を企画する力として学生に定着していく。ここに，地域と連携して得る学びがあると考える。

　職員会議は，子どもは一人で生きているのではなく，さまざまなかかわりの中で生きていること，地域の一員であることを認識できる貴重な機会になり，学生が実習で見てきたことが，子どもの生活，施設職員のごく一部の時間であったことを学ぶ機会になったのである。それは施設実習をすでに終えた（学生たちは2回生後期に施設実習を経験している）学生が，「実習」で得た知識を再考し，新たな課題や今後の教育者としての展望につなげるきっかけとなったと考える。

（2）保育所——安全面と生活についての学び

　4回生は児童発達支援センターでの「音の絵本」公演を経て，今度は保育所で同じ試みをしてみたいと意欲を高めていた。学生たちは，保育所に交渉に行く前まで，保育所や幼稚園の方が，施設よりは公演がやりやすいと考えていたという。しかし，ここでも学生はさまざまな問題に遭遇し，子どもの安全性・生活を守り，地域の子育て支援機関としての保育所の役割を再認識することになる。

　保育所では，職員会議に参加することは難しかった。保育時間が長時間にわたる保育所では，保育士の担当入れ替わりもあり，乳児・幼児と幅広い年齢層の送迎時間の差もあるため，職員が一同に集まる時間を作ることの難しさがある。学生達は，企画について園側に聞いてもらう時間確保に四苦八苦し，改めて，保育所の時間の流れと保育士の仕事内容の大変さを思い知ることになった。ようやく，園長，副園長先生に企画説明を行う時間を設けてもらうことができ，幸いにも，趣旨・実施方法等を納得してもらえた学生達は，両先生の前でリハーサルを行うことになった。

　リハーサルを終えて園長先生に助言をいただく際，子どもの安全面についての問題を指摘され，学生たちは，ここでもまた戸惑うことになった。保育所は子どもと生活をともにし，子どもたちの命を守るため，安全面にはとくに気を配っている。学生たちが考えた観客席には，中央にも側面にも，役者が舞台と客席を動き回るための通路を配置していた。役者が持参する小道具や大道具を，できるだけたくさんの子どもに触らせたいという思いから，どこに座っても道具を見たり触れたりできるように考えたのである。園長先生は，小道具，大道具の管理と，側面・中央通路のそばに座る子どもの安全面を指摘したのである。通路が増えれば増えるほど，子どもたちの安全性の問題が出てくる。小道具や大道具を触りたいという気持ちが高まり，興奮して立ち上がることも想定して，どのように対応するかを問われたのである。また，できるだけ子どもたちに見せたいという思いから，キーボード・楽器等，物語の進行にかかわる小楽器等が，子どもの手の届く範囲にあったため，それに触ろうとする子どもに対して

どのように対応するのかについても質問された。

　学生は，小道具等を子どもの手の届かない場所に移動すること，通路を少なくすることで解決を図ろうと考えたが，その案は園長先生に反対された。先生は，保育士は安全ではないから禁止するのではなく，子どもの思いを最優先しつつ，安全面確保を考えて活動方法を工夫すると話された。この言葉に対し，学生たちは園長先生が去った後，かなり考え込むことになった。楽しいことをしようとするとさまざまなしかけが増える，しかけが増えることは，安全性を脅かすことにつながらないかという意見が多かったが，通路があり，道具がある前提で脚本が成り立っているため，公演直前に大きな変更はできない。途方に暮れていた学生たちだったが，筆者も助言し，最終的に解決方法を考え出したのである。

　学生が考えたのは，役者のセリフの中に，子どもが集中できる要因を取り入れ，目線を動かすことによって，小道具や大道具に集まる視線を逸らすというものであった。例えば，中央通路を歩く役の学生が，舞台上の役者に「そうだよね」と相槌を求めるセリフを入れることによって，子どもの半分くらいは，舞台上の役者の方に目線が動く，その間に，中央通路にいる学生が通路から移動するというものである。また，周りの小道具，大道具等の対応は，役者・黒子役学生のエリアを定め，トラブルが起こった際の子ども対応を書き出し，出演者全員が共有することにより，子どもの安全を守る方法としたのである。子どもの行動を予測する学生たちの配慮に対して，園側からはお褒めの言葉をいただくことができた。

　学生は，保育内容の5領域（健康，言葉，環境，人間関係，表現）で学んだ知識を活用し，子どもに最適な環境構成を考えた上，小道具，大道具の無理のない配置を定めた。また，子どもの行動の特性，予想される行動，その要因を踏まえて安全面を確保する方法，子どもの思いを優先する安全面の配慮を考え出したのである。

　また，リハーサルの際，学生たちは，園長先生から物の扱いかた，言葉についての指摘も受けていた。小道具を置く時に投げるように置いてしまった学生，

誤解や差別を生む言葉の使い方，そのすべての指摘に対して解決策を見つけ，修正を行っていった。保育所は，子どもが長時間生活して過ごす場所であり，保育が必要な子どもたちが，生活におけるさまざまなルール等，協同して生きるために必要な力を身につけ，学ぶ場所でもある。子どもが協同して楽しんだり，学んだりする活動を提供し，安全確保に留意することが保育士の仕事であると，学生は大学で習った保育士の役割を再認識し，それを踏まえた公演の在り方を考える機会を得たのである。活動を通じて，児童の安全性を守るさまざまな方法を学生が考え，身につけたことは，保育所保育士に必要な実践知として根付くことになり，保育所との連携活動を行って得た，貴重な学びになったと考える。

（3）幼稚園──教育的ねらい，目的，方法についての学び

　幼稚園での公演は，公演経験を積み重ねたと自負する学生にとって，ほろ苦い経験となった。幼稚園では，全教員が参加する職員会議に出席したのであるが，ここでは「音の絵本」の教育的意義について，かなり詳細な説明が求められたのである。新任研修さながらの質問に，学生は泣きそうな状態になっていたが，なんとか説明をしつつ切り抜けていた。園側の質問は，さまざまな立場の子どもたちが協同するために，なぜその方法を使うのか，その方法はどのように有効なのか，ここでのパフォーマンスの意図は何か等，イベントの教育要素，教育方法についての質問が多く，それについて学生一人ひとりの個人意見も問われ，学生たちが幼稚園教諭になる際のビジョンにかかわる質問が，20名ほどの教諭から次々に浴びせられた。また，園として学生の試みを許可するために，その目的や教育的意図を，園だより等を通じて保護者に説明し協力を得る必要があることを告げられ，掲載する文章のたたき台も求められたのである。

　保育や教育活動のねらい，目的，方法等は，学生が実習指導関連の授業で繰り返し学び，実習では実際に日誌を書き，担当教員から添削指導を受けることにより，実践知として身につけてきたはずである。しかし，「音の絵本」の教育的ねらい等は，指導例もないところからスタートし，教育者の卵としての，

オリジナルの教育観を出し合って練り上げることが必要になる。学生は，教育公演としての「音の絵本」を幼稚園から求められたことを通じて，改めて幼稚園は学校であり，教育機関であることを確認したのである。

　その後，学生たちは，30分の「音の絵本」の中に取り入れた数カ所の園児参加を求める場面について，一つひとつ，子どもの行動の予測，その時の配慮，必要な環境構成を考え，その場面の行動が，子どもたちのどのような反応を引き出し，それがどのような学びにつながるかをていねいに練り直した。

　幼稚園との連携で学生が得たものは，繰り返し，場面における子どもの行動を予測することによって得た「子どもの反応を予想できる力」，子どもの多様な反応に対し，物語の進行を複数考えることによって得た「臨機応変に対応する実践力」，参加場面一つひとつに対し，子どもに学んでほしいこと，そのための方法を考えることによって得た「子どもの思考，判断，表現力を引き出すための方法を考える力」である。この3つの力は，教育者を目指す者にとって不可欠な力で，保育・教育内容を熟考し，工夫する力，すなわち，教育現場に即応できる実践力を身につけたことになる。学生たちは，教育者としての自分の考えを明確にする機会，教員の立場に必要な3つの実践力を身につける機会を得たと考える。

4　地域連携での学びと継続力

　施設，保育所，幼稚園と連携して公演を実施した4回生たちが学んだことは大きい。施設では，さまざまな立場の子どもを取り巻く環境と子どもの症例を踏まえた公演の在り方，保育所では，安全面の確保と子どもの生活を支援することの重要性，幼稚園では教育的ビジョン等，地域と子どもについて，多くの気付き，学びがあったと考える。また，大学の授業で習ったことや，将来において教育機関で働くことの本質的な意味を考える機会にもなっている。教育学部に在籍する学生は，「子ども」を中心に，「子どものため」を考える視点で，さまざまな学習に臨む機会がどうしても多くなるが，3つの活動で学生が学ん

だように，「子ども」だけを考えて教育方法等を組み立てたり，工夫したりするのではなく，子どもと，それを取り巻く環境を一体化して教育を考えることが，保育士・教師としての力量を高めていくのではないだろうか。子どもとかかわり合うすべての環境，それを支える地域社会を理解して学び，連携して活動を行うことが保育士・教師としての実践力を磨き，保育・教育の資質向上につながる，そこに地域と連携して学ぶことの意義があると考える。

　活動を行った4回生たちは，現在は中堅の保育士，幼稚園教諭となり，早期の離職率が高い職場であるのにもかかわらず，全員継続して働いている。ある者は若いながらも主任になり，同窓会では，今でも，子どもとの生活に生きがいを感じているという声を聞いている。継続的に教員の仕事を続けるための条件の一つに，「子どもが好き」という気持ちはもちろんあると思うが，筆者は，彼らが地域連携音楽活動で学んだ，「子どもを取り巻く状況を知り，理解すること」が継続要因の一つになっていると考える。学生時代に，地域の教育支援施設としての幼稚園や保育所等の位置づけを実践的に学んだことが，子ども，保護者，地域との関係を理解することにつながり，その中で自分ができることを考え，考えたことを実行する力が，仕事の継続につながっていると考える。

　「子どもの反応，気持ちが知りたければ，地域の子どもイベントにスタッフとして参加せよ，あるいは，イベントを企画して実施せよ」というのは，今でも筆者が学生によく言う言葉である。地域の人たちや，教育機関の方々と一緒になって，子どものための企画を実施することを，今後も続けていきたいと考えている。

第15章

子どもたちの心を理解する
　　──子どもの心に入るための「知恵」と「知識」

1　教育の知識と知恵で過去の体験に縛られる子どもたちを理解する

　一般的に大学は，言語を中心として知識を伝える場所である。しかし，教育臨床の世界では，知識と技術を伝える時に言葉や文字だけでは伝えきれないものがある。「熟練技術者の技」は「見て覚えろ」と伝える以外方法がない場合がある。それはまるで修験道の「行」のようにも見える。教育臨床の世界でも，この言葉や文字では伝えきれない部分は言葉や文字を超えて習得していかなければならない。この部分は教育臨床の知恵と言えるだろう。本章は言葉や文字で伝えることが難しい部分について，「体験」という概念を用いて子どもたちの心を理解する術を伝えたい。

　私たちが生きている「今・ここ」の世界を，私たちは身体の五感を通して「よりよく生きよう」として活動している。とくに，幼児期から学童期にかけて子どもたちの心は，実際にある私たちの周りの出来事（身体の外で生じる出来事）を，五感を通して体験し，知覚する。このプロセスの中で知覚した出来事を，どのように意味づけするかによって私たちの心の景色が変わる。この外界の出来事は，それをどのように感じ，どのように意味づけするかという一連の流れによって内的な体験へと変化する。

　例えば，いつも両親がけんかをしているような家庭環境において，日々知覚される出来事がいつもドキドキする辛い体験であると意味づけされるなら，内的な体験は暗く，苦しいものとなる。逆に，家庭環境が安定し，笑いが絶えない家族生活の出来事を知覚した場合，その体験は楽しく，温かい家庭と意味づ

けされ，心地よく，明るい内的な体験となる。これを「体験の形成」と言う。

　現在は家庭環境だけではなく，多発する犯罪被害，自然災害や新型コロナウイルスなど，社会環境の大きな変化により子どもたちの心と身体に影響が出ている。それらの影響は，胎児期から始まっていると言われ（バーニー，ウェイントラウブ，2007），小児期（0～15歳まで）においてはより鮮明に子どもたちの心と身体の成長に大きく関わっていると言える（ヴァン・デア・コーク，2016）。

　筆者もスクールカウンセラーとして出会う子どもたちが，逆境的な小児期体験をもっていることが多いことに気付く。ドナ・ジャクソン・ナカザワはその著書に「小児期の逆境は，脳や免疫システムの健全な発達を損なう恐れがあり，その結果，将来的に健康にも影響を及ぶ」と記している（ナカザワ，2019，31頁）。子どもたちの心を理解する時に，虐待やＤＶ，長期間の過酷ないじめのような逆境的な体験をした子どもに目を向けることは当然のことであるが，一般的に軽度の生育環境の悪い所で育った子どもたちにおいても，その体験の影響が大きいことに気付くべきである。いま，教員を志す人はこれらの影響の大きさに気付き，子どもたちの心の健康を守る術をもつことが必要である。

2　「今・ここ」の体験から子どもたちの心を理解する

　学校現場における教育相談では，上述した経験をもつ子どもたちの心を理解するために「対話によるカウンセリング」が行われてきた。そこでは，感じていること，人間関係，過去のこと，その他なんでも問題を抱えている子どもたちが欲するまま話し，カウンセラーはそれを傾聴してきた。今日の教育相談（学校カウンセリング）において悩みや苦しみ，心の傷について話すだけで癒される子どももいることは確かである。しかしこの方法ではあまりにも時間がかかり，効果的といえない場合がある。それ以上に，対応できないケース（例えば，発達性トラウマなど[1]）が増えてきているのが現実である。

　心理臨床の世界では，カウンセリングは「話す」という方法から，その場で何かを「体験する」ことを重視する方法（フォーカシング，ゲシュタルトセラピー，

ハコミセラピー等）へと変化しつつある。その変化は学校カウンセリングの世界
でも始まっている。

　ひとつの事例を通して，「今・ここ」の体験から子どもの心を理解する流れ
を説明する。

　小学校4年生の正人君（仮名）は，お父さんが1週間前に交通事故に巻き込
まれ全治1カ月の重傷で入院することになった。家に帰るとお母さんと保育園
児の妹と3人の生活が2週間続いている。今日は，保健室に身体がだるいと言
って，担任の先生と一緒に大休憩の時に来た。担任の先生は，椅子に座ってい
る正人君に「家の手伝いをして，よく頑張っているね」と話す。正人君は「お
母さんが病院へお父さんの様子を見に行っている時，妹と一緒に，ごはん（夕
食）をふたりでたべることがあるんだ。でも……」と言って黙り込んでしまっ
た。数日前に，担任の先生はお母さんから「正人が頑張りすぎているようで，
少し気がかりだ」と相談を受けていた。担任の先生は，何も言わずにその場で
しばらく座っていると，正人君は右手に拳をつくり，その拳を強く握りしめ
ているように見えた。先生は「右手の拳を見て。力が入っているのわかるか
な」と言うと軽く頷いた。続けて先生は「できたら，右手にもっと力を入れて
握ってごらん……もっと……」と伝えると，正人君の前腕が小刻みに震えだし
た。そして，「頑張るんや……」と小さい声で言う。しばらくすると，涙が頬
をつたい，正人君の腕に入っている力が抜けていくのが見えた。……養護教諭
がそっと正人君の背中に手をあてていた。……正人君は声を絞り出すように
「さみしい……お父さん早く戻ってきてほしい」と呟いた。それから，正人君
は保健室で放課後まで熟睡した。事の次第の連絡を受けたお母さんが迎えに来
て，お父さんの入院する病院へ一緒に向かった。

　一般的に，子どもたちの心を理解しようとする時は，言葉でコミュニケーシ
ョンをして，言葉で理解を深める。その言葉を信じて，大人は子どもの心に近
づく。しかし，正人君は父親の交通事故を知らされることで，突然の不安や恐
怖に襲われる体験をする。ここでは，正人君の「心の様子」を理解するために

「あたま（思考）」と「こころ（感情）」と「からだ（五感）」という３つのパーツに分けて考えてみる。

　「あたま」では「お兄ちゃんだ。妹のために家でもしっかりしなければ。また，学校でも元気にみせなければ」と考えるが，「からだ」は「だるくなり……保健室に行く」と訴えた。これは，「あたま」が「からだ」を思った通りに動かせなくなっている状況である。以前から「あたま」は「からだ」に「頑張って学校に行くんだ」と強く命令していた。しかし，「こころ」の中で「交通事故で，父親が突然に日常生活から居なくなった」ことによる不安感や恐怖感が，２週間後にでも蘇り（フラッシュバック），生理学的に身体が凍りつく状態が生まれたと推測できる。まさにその凍りつきが正人君の右手の拳にあることに，担任の先生は気づいたのである。そこで先生は「右手にもっと力を入れて握ってごらん……もっと……」と体験ワークに誘う。そこには，右手の緊張してる「今・ここ」の状態を意識づけるために，より拡充させて気付きを深めるように促したのである。前腕が小刻みに震えだした。そして，涙が流れた後に正人君の腕に入っている力が抜けていく様子が見える。すると正人君は「さみしい……お父さん早く戻ってきてほしい」と身体の声を言語化した。その時，「あたま」と「からだ」がつながった。そして「こころ」に詰まっていた感情をうまく表現できたことで，後の心の安定へと導かれた。

　このような体験は，子どもたちの心を理解するための扉となる。先生が正人君の「拳」の気付きを誘ったことは，「あたま」と「こころ」と「からだ」をつなげるための体験（ワーク：ある目的をもって体験する行為）として機能した。この「からだ（拳）」への気付きによって現在に意識を留めることができ，事故直後の「ショックと不安」をもった過去の記憶と切り離された。そして，「今・ここ」の身体の感覚によって，「先生やお母さんとのつながり」へと内的な体験が上書きされたことになる。

　このような体験（ワーク）の有用性は高野山大学教育学科が特色としている。具体的には，学外におけるさまざまな体験学習と授業内で実施される「アクティブ・ラーニングの授業（体験学習と同意語として本章では使用する）」の実施で

あり，その内的な体験は子どもたちの心の理解につながるものである。

3　「あたま」と「こころ」と「からだ」をつなぐ
──子どもたちの心を理解するために

　2002（平成14）年に文部科学省は，人間関係の希薄化等が進む中で，子どもたちの豊かな成長に欠かせない，多くの人や社会，自然などと直接ふれあうさまざまな体験の機会が乏しくなっていることを指摘し，各教科に「体験学習」の普及を図るため体験活動事例集を作成した。その中に以下のように記述されている。「体験活動とは，文字どおり，自分の身体を通して実地に経験する活動のことである。人は，いろいろな感覚器官を通して，外界の事物・事象に働きかけ，学んでいく。具体的には，見る（視覚），聞く（聴覚），味わう（味覚），嗅ぐ（嗅覚），触れる（触覚）といったいろいろな感覚を働かせて，あるいは組み合わせて，外界の事物や事象に働きかけ学んでいく。このように，子どもたちが身体全体で対象に働きかけかかわっていく活動をここでは『体験活動』ととらえる」と（文部科学省，2002，88頁）。

　身体の五感を通して外界の出来事につながるということを体験学習と規定していることは，今日の教育現場にとっても示唆的と言える。頭でっかちの教育になりがちな風潮において，心と身体のバランスをとりもどす学習を行うことの重要性を伝えているからである。

　先ほど，「心の様子」を3つのパーツに分けて正人君の事例を説明したが，それは，ホリスティック（全人的）な側面から捉えたグラバア俊子（2013）が主張する「人間の三つの叡智」の考え方を参考にしたものである。これは，人間の捉え方の要素を「あたま，こころ，からだ」という3要素（図15-1）で表現し，それらが互いに関わり合いながら一人の人間として成長していくと捉えている。

　子どもの成長過程も，外界，人や物，また人と物の織りなす出来事を出会いの積み重ねと捉え，そうした出会いを可能にするのが「からだ」に備わってい

図15-1　人間の三つの叡智

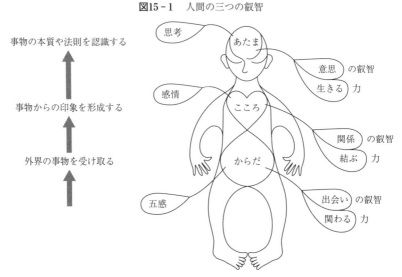

事物の本質や法則を認識する

事物からの印象を形成する

外界の事物を受け取る

る五感であるとした。そして，五感から受け取った外界の事物が「からだ」を通して現れてくる感覚には，外界と自分の間に現実的な関わりを作り出す力があると述べている。

　次に，「こころ」の具体的な現れを「感情」とした。これは，五感で受け取った事物に対してさまざまな印象が形成したものであるとし，これによって対象が自分と関係あるものになると述べている。このように「からだの体験過程」を通して外界との扉を開き，この「感情の体験過程」を通して，外界と自分を結びつけて外界との関わりを生みだしていると考えられる。

　最後の「あたま」は，今日の学校で重点が置かれている「思考・言語」の部分である。これは，グラバア俊子（2013）によると，事物の本質や法則を認識するものである。別の言い方をすれば，「あたまの体験過程」は，言葉やイメージ（象徴化）によって事物を自己概念の中に取り入れるプロセスであると考えられる。

　この「五感」によって物や人との関わりの扉を開き，「感情」によってその

つながりが彩られ，自分と関連づけられた外界との関わりに編み込まれる。そして「思考」によって，言葉やイメージが認識され自己概念の中に取り入れられる。「からだ（五感）→こころ（感情）→あたま（思考・言語）」（ボトムアップ）という流れがしっかりできてこそ，日常の「あたま（思考・言語）→こころ（感情）→からだ（五感）」（トップダウン）の流れができるのである。

　前述した正人君の事例は，「（右手）拳の緊張」から「さみしい……お父さん早く戻ってきてほしい」という「からだ」の声を言語化する過程で「あたま」につなげたことになる。この「からだ」と「あたま」がつながる過程で「こころ」が安定してくると考えられる。このボトムアップに現れるように「からだ」から始まる体験過程が現在の教育現場で必要とされる。そこに子どもたちの心の理解に近づく道が開かれる。

4　「からだ」と「こころ」と「あたま（言葉）」をつなぐための体験学習
──「1本のペンを支えるワーク」

　これから示す体験学習は教育相談の講義で実施する体験（ワーク）のひとつである。これは，子どもたちの心を理解するために，教員を志す学生がさまざまな体験をする中で，五感（身体）を通していくつかの感覚に気付き，そのことで学生自身の感情（こころ）がどのように動き，どのように思い，言葉を発したか（思考）を体験することを目的とする。[2]

　1本のペンを用意する。今から伝える動作課題を達成する。主たる目的は，その課題を達成する時の，思考，感情，身体反応の変化に気付くこと。あくまでも動作課題の達成は2番目の目的である。課題途中の思考，感情，身体反応の状態に気付き，後に数人のグループでその体験をフィードバックする。

（課題1）
　図15-2のように，1本のペンを自分の人差し指一本で，バランスよく支えて，動作課題「椅子から立ち上がり2秒静止後，椅子に座る」を行う。動作課

図15-2　課題1　　　　　　　**図15-3　課題2**

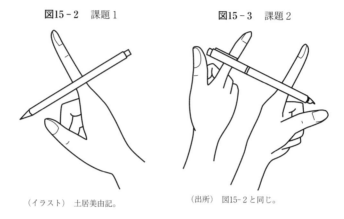

（イラスト）　土居美由記。　　　　　　（出所）　図15-2と同じ。

題をしている時の身体・思考・感情に気付くように努力する。終了後，グループになり，気付きを分かち合う（自己調整能力の体験）。

（課題2）

　2人1組になる（以下，「Aさん」「Bさん」とする）。AさんはBさんの左側に前方を向いて平行に立ち，Aさんの右肩とBさんの左肩がふれる程度まで近づく。図15-3のようにAさんは右手の人差し指を出し，Bさんは左手の人差し指を出す。2人の人差し指が1本のペンを横にしてのせられる距離（指と指の間が6センチ程度）に保ち，ペンをのせる。会話なしで，2人で息を合わせてゆっくり10段の階段を上がる。落としたら再度，指にのせて動き始める。終了後，2人で，身体・思考・感情思考の状況に関する気付きを分かち合う（相互調整能力の体験）。

5　体験学習「1本のペンを支えるワーク」から子どもたちの心の理解へ

　以下は，ある小学校での体験学習「1本のペンを支えるワーク」の実践報告である。5年生25人のクラスで2人の先生がファシリテータ（運営者役）となり，前述の体験学習を実施した。なお，紙面の関係上，ここでは課題1の実施

の様子を紹介する。

　課題1の「1本のペン」を人差し指の背にバランスよくのせて，椅子から立ち上がり座る課題を与え実施した。クラス全体では，イメージとして頭でわかっているが，身体がうまく動かずペンを落とす児童が数人いた。その後，4人グループで体験したことを話し合っている時，うまくできなかった友香ちゃん（仮名）がグループから少し離れていたので先生が「友香ちゃん，うまくできなかった時，身体にどんなことがおこっていた？」と訊くと，友香ちゃんは「うまくできないとだんだん自分に腹が立ってきて，焦ってきたの」。先生は続けて「その時のからだの中はどんな感じだった？」と尋ねる。すると「うん，胸がドキドキしてきて，からだが熱くなって，カチカチになって……」。先生は「一つ提案があるんだけれど，ドキドキしている胸に手を当てて，大丈夫だよと伝えて。そして時間をかけてもいいよ。……心の声でいいから『大丈夫だよ』と心臓に話しかけて」と体験ワークへ誘った。友香ちゃんは，胸に手を当てて時間をゆっくり取り，自己の内的な感覚に話しかけた。その後，「1本のペンを支えるワーク」に再チャレンジした。そうするとゆっくりとペンを落とさずに，立ち上がり，座ることができた。

　友香ちゃんの体験終了後のレポートに「私は，新しいことを何かしようとしたら必ず失敗すると思ってるの。その時はいつも周りを見て，カチカチになるのかな。何か解決策をみつけた感じ」との記述があった。友香ちゃんの中では，過去の体験過程を「新しいことを何かしようとしたら必ず失敗する」と意味づけして「体験が形成」されていた。しかし，先生の働きかけにより身体の触感覚を意識させるために胸に手を当てるというワークをすることで，「新しいことをすると失敗する」という過去の記憶から切り離され，「今・ここ」の身体感覚と思考（言葉）が，「落ち着いてから，何かをするとできる」という新たな体験を形成したものと考えられる。このように過去の体験の意味づけを，よりよく生きるために新たな意味づけとし，感じ方が変化する。この体験学習により，体験を形成しているシステムが変わり，過去の体験の記憶の上に新たな記憶が上書きされると考えられる。

　このように教室内で実験的にできる体験学習を「ラボラトリー・トレーニング」という。なぜ，教室内での体験学習が必要なのか。それは，教室が大多数の子どもたちにとって，安心・安定できる居場所であるからだ。安心・安定できる場所であるからこそ，体験学習の要である「からだ」の感覚（五感）に意識が集中できる。「今・ここ」の気付きに焦点を当てることができてこそ，「過去に起こった出来事」と，「今，感じていること」の違いがわかり，今に生きるための体験ができるのである。

　第2節の正人君の例では，「父親の交通事故による入院，自宅に父が突如いなくなる不安」の記憶が「拳に力が入っている」という身体の感覚の裏に隠れていた。また本節の「1本のペンを支える」ワークでの友香ちゃんの例においても，「新しいことを何かしようとしたら必ず失敗する」という過去の体験記憶が「胸がドキドキしてきて，からだが熱くなって，カチカチになって……」という身体の反応の裏に隠れている。だからこそ，体験ワークによって，過去の意味づけられた感覚から切り離すために，過去の体験の意味づけを外し，「今・ここ」の身体の感覚に単純に焦点を当てさせることが重要なのである。さらに，正人君の例で言えば，「もっと右手に力を入れて」というワークを提案したり，友香ちゃんの例では「ドキドキしている胸に手を当てて，大丈夫だよと伝えて」とワークを促したりする目的は，子どもが「今・ここ」に意識を留めることだと言えるのである。これらのワークは「よりよく生きる」ための新しい内的な体験が形成される切り口となる。

6　新たなチャレンジ，子どもの心を理解するための知識と知恵

　高野山大学文学部教育学科は，学校・保育体験や馬術や森林体験などの地域体験を行う。それは体験的な学びを理論的な学びにつなげ，知識と知恵をもった教育的人材を育てたいと考えているからである。そしてその体験学習は，子どもたちの心を理解するためのプロセスにもつながる。

　このような体験学習（アクティブ・ラーニング）を実践している大学は多い。

しかし，高野山大学では，教育現場や地域・社会体験と共に，必修授業科目「教育相談」によって，「教室内での体験学習（ラボラトリー・トレーニング）」を実施する。この高野山大学の教育相談は，ラボラトリー・トレーニングを活用した「体験型ワークで学ぶ教育相談」を特徴としている。その目的は二つある。一つ目は学生一人ひとりが教育相談の体験ワークに参加することで，自分の考え方や感じ方の体験パターンに気付き，自分の心の理解を深めることである。二つ目は，その自分の体験パターンを知ることで，体験学習を予定している教育現場や地域・社会での「体験的な学び」と「理論的な学び」をより効果的に深くつなぐことにある。

　高野山大学文学部教育学科で伝える教育臨床の知恵は，言葉や文字を超えた部分を習得するところにある。とくに，子どもたちの心を理解する知恵を育てるために，筆者は「体験型ワークで学ぶ教育相談」を通して「体験の形成」[(3)]を習得させることを目指したい。

注

(1)　子ども時代の「さまざまな逆境」による強いストレス（トラウマ体験）が，子どもの脳の正常な発達を妨げ，これまで知られていた発達障害よりもさらに強烈な傷を脳に刻みつけてしまう（ヴァン・デア・コーク，2016）。

(2)　実際の教育現場では，開発的カウンセリングとして，コミュニケーショントレーニングや道徳教育の一環として実施している。

(3)　子どもの心を理解するためには，体験そのものを扱うのでなく，その意識の背後にある体験がいかに形成されてきたのか，「体験の形成」を学び取ることである（クルツ，2013）。

引用・参考文献

ヴァン・デア・コーク，ベッセル『身体はトラウマを記憶する』柴田裕之訳，紀伊國屋書店，2016年。

グラバア俊子『五感の力』創元社，2013年。

クルツ，ロン『ハコミセラピー』高尾威廣・岡健治・高野雅訳，星和書店，2013年。

ナカザワ，ドナ・ジャクソン『小児期トラウマがもたらす病』清水由貴子訳，パン

ローリング株式会社，2019年。

バーニー，トマス／パメラ・ウェイントラウブ『胎児は知っている母親のこころ』日高陵好監訳，千代美樹訳，日本教文社，2007年。

マッカーシー，デビット・N.「学習理論としてのゲシュタルト──知識と感情と統合する合流教育」『よみがえった授業』ジョージ・I.ブラウン編，学事出版，1980年，355-364頁。

文部科学省「第1章　体験活動の充実の基本的な考え方，I　子どもたちの体験活動とその充実，1　「体験活動」のとらえ方」『体験活動事例集──豊かな体験活動の推進のために』2002年（https://www.mext.go.jp/component/a_menu/education/detail/__icsFiles/afieldfile/2016/03/07/1368011_003.pdf，参照2020-7）。

リアバイン，ピーター／マギー・クライン　『子どものトラウマセラピー』浅井咲子訳，雲母書房，2010年。

第16章

学校現場における危機と心のケア

森崎　雅好

1　いのち観

　高野山大学の教育学科は、新しい教育を提供する。それは、弘法大師空海の教えを礎においた教育である。その教えは、「いのちの活かし方」である。学校現場では、いのちある児童生徒の心身の発達を促す教育実践が行われているが、いのちとは何かという問いに向き合うことはあまりないように思う。

　しかし、実際には学校現場で事件・事故、あるいは、自然災害によりいのちの危機に迫られる事態が生じることは希ではない。近年、心のケアが重要視されているが、本来は、いのちのケアをすることを踏まえた上で、心のケアを論じる必要があると筆者は考えている。なぜなら、私たちは心や身体だけで生きているわけではないからである。そのため本章ではまず、高野山大学が基礎に据える「いのち観」について触れ、そののちに、具体的な危機時における心のケアについて述べていきたい。

　「いのち」を国語辞典でひけば、生き物を動かす力、生きていくためのもとの力、などと説明されている。力と言われても、目に見えるわけでもないため、実際のところ、よくわからない。しかし、私たちは、人には「いのち」があることを当たり前のこととして生活をしている。

　では、なぜ、「いのち」があることを当たり前のこととして認識しているのであろうか。それは、自分自身が、あるいは、他者が話したり食事をしたり、という動作、つまり、動いていることによって生きていることを認識しているからであろう。例えば、目の前で話していた人が突然倒れて動かなくなってし

まった時，おそらく，「死んでしまったのでは」と瞬時に考えるだろう。このように，「いのち」があること，あるいは，生きていることは，私たちが「動いている」からこそ当たり前に感じるのである。

　また，私たちは，風の勢いで倒れた棒や川に流れる葉っぱにも「いのち」があり，生きているとは考えない。その理由は，棒や葉っぱが風や川の流れによって「動かされている」からである。そのため，「いのち」や，生きていること，とは，「自らが主体的に動いていること」であるといえよう。

　ところで，日常生活では，私たちは何かをしようと自ら意図して行動していると考えている。しかし，例えば，朝目が覚めて起き上がる時，右ひざを立ててから立ち上がろう，と考えている人はいない。意識せずとも自然と行動することができる。さらには，私たちの人生にどれだけ嬉しいこと，悲しいこと，辛いことがあっても，心臓は私たちの意図とは関係なく粛々と動いている。

　このように，私たちが意図的に考え，感じ，活動すること，つまり，「意思」をもって動いていることはほとんどなく，「いのち」が心と身体を使って，知らぬ間に活動しているというのが私たちのいのちの在り様なのであり，それを図示したものが図16-1である。

　この図では，心と身体をもった「私」が意図的に考えて，感じ，活動しようと意識する部分を「わたし意識」とし，意思をあてている。また，わたし意識，心，身体を動かしめている「いのち」に意志をあてている。この2つの言葉は混同されて使用されることが多いが，英語で表記すれば，意思は“mind”や“purpose”であり，意志は“will”として明確に区別されている。意思は，意図的・具体的でより現実志向的であるが，意志は，漠然としているものの何事かをなそうとする意欲を意味する。すなわち，生きようとする意欲である意志があって初めて生きることができ，具体的に意思することができるのである。これを主体性といい，わたしと思っているところの意識が生きているのではなく，わたしのいのちが生きているから，わたしが生きているのである。この逆転の視点が，高野山大学の「いのち観」なのである。いのちある私たちが意識できる部分は，心と身体を使って何かをしようと意思するところであり，その深層

図16-1　いのちの在り様

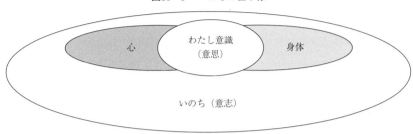

（出所）　筆者作成。

には，生きようと意志する「いのち」がある。そして，この「いのち」は主体
性を奪われること，つまり，「いのち」の危機に出遭うことを嫌う。なぜなら，
「いのち」にとって，生きようと意志することを阻止される，奪われるという
受動的体験は，死に直結するからである。このことを高野山大学で学ばれる方
には共有してほしい。

2　スピリチュアルケアといのち

　近年，医療分野では，スピリチュアルあるいはスピリチュアルケアという概
念が広まりつつあり，筆者は，この概念が教育界に広まることの重要性を感じ
ている。

　スピリチュアルケアとは，医療分野の言葉で，もともとは治療（cure：キュ
ア）することができない病に侵され，医療から見放された人々に対し，治療は
できなくとも，心配り（care：ケア）することはできるという理念のもとに展
開されてきたケアのことをいう。例えば，がんという病に侵され，余命が短い
と知った時，人は死に関する苦悩やこれまでの人生への後悔の念や，なぜ自分
がこの病になったのかといった答えのない問いに直面する。これをスピリチュ
アルペインといい，この痛みをケアすることをスピリチュアルケアという。

　がんに限らず生命を脅かす病に関連する問題に直面している方の苦痛を緩和
することを緩和ケアといい，その問題の中の一つにスピリチュアルな問題があ

げられる（WHO, 2002）。しかし，スピリチュアルもケアも適切に日本語で表すことができない言葉であるため，わが国ではカタカナ表記になっている。とくに，スピリチュアルは邦訳しにくい概念を含む言葉であるため理解されがたいが，あえて日本語に訳せば，「霊性」と訳される（世界保健機関，1993）。名詞形であるスピリット（spirit）は，精神，霊魂などを意味するが，もともとの原義は，「神によって吹き込まれた息吹」を意味する。キリスト教の聖書の創世記には神の似姿として作られた最初の人間であるアダムに神が息吹を吹き込むという記述がみられる。そのため，私たちを動かしめているのは神によって吹き込まれた息，すなわち，スピリットであり，スピリチュアルとは私たちを動かしめている力の働きを表している言葉だと理解することができよう。そのため，日本の文化的背景からスピリチュアルに相応しい言葉として，筆者は「いのち」を当て，スピリチュアルケアを「いのちへの心配り」として紹介している。

　しかし，私たちの日常生活では生きていることが当たり前であるため，「いのち」への関心は薄い。医療分野でスピリチュアルケアが重要視されるのは，人の死に接することが多いからであり，「いのち」とはまさに危機が差し迫っている時，急激に意識される。そのため，通常の学校現場では，「いのち」を意識することや，教員自身の教育観や世界観について自問することは少ないかもしれない。だが，毎年，少なくない学校現場で，事件や事故が発生し，自然災害によって「いのち」の危機にさらされている児童生徒がいることはまぎれもない現実である。今，起きていなくても，自分たちの学校現場で将来起きないという保証はない。

　また，いじめによる自殺や教員による児童生徒への体罰や性犯罪という暴力行為によって教員が逮捕されるという事件も生じているが，これらは犯罪行為である以前に，児童生徒の主体性のある「いのち」の尊厳を踏みにじる行為であることこそが問題なのである。このような行為は，「いのち」の在り様を理解していないがために生じているのである。そのため，学校現場で児童生徒が悲しむようなことがないように教員には，スピリチュアルケア，あるいは，

「いのちへの心配り」の視点を共有してほしい。

　しかし，「いのちへの心配り」といっても，「いのち」は捉えどころのない深層的な領域であり，具体的に私たちがその「いのち」にアプローチするためには，心と身体を通じてケアを行うことになる。本章では，以上のことを念頭に置きながら，事件や事故，自然災害によって生じる学校での危機的状況における心のケアについて，筆者の心理臨床経験をもとに述べていきたい。

3　危機とトラウマ

　危機とは，自身のもつこれまでの問題解決法や対応方法では対処することができない状況のことをいう（キャプラン，1968）。対処困難な出来事に遭遇することは，いのちが主体性を奪われるという被る体験であり，本人が望まない受動的体験である。このような状況のなか，学校現場における最も重要な目標は児童生徒のいのちを守ることであり，身の安全と心の安心を保障することである。なかでも心のケアにおいて最も重視することは，トラウマに関連した苦痛を手当てし，その後の人生への影響を極力減少させることである（アメリカ国立子どもトラウマティックストレス・ネットワーク，アメリカ国立PTSDセンター，2017）。

　トラウマとは，「心の傷」を意味し，対処困難な衝撃的な出来事（自然災害，事件や事故に巻き込まれる，あるいは，予期せぬ喪失など）を体験することによって心の機能が著しく不調な状態になることをいう。トラウマの中核的な問題の一つは，「恐怖と戦慄」によって生じた自分の意思ではコントロール不能な心の状態に陥ることである（全国精神保健福祉センター長会，2016a）。とくに，出来事を何度も思い出して苦痛を感じる（記憶の侵入），過緊張による不眠や興奮（過覚醒），トラウマに関連する物事を避ける（回避），自分の気持ちがよくわからない，無関心になってしまう（麻痺）などの症状が生じる。危機を体験した初期には，程度の差はあるものの，これらの症状は多くの者にみられる。

　これらの症状に共通しているのは，本人の意思の及ばない心と身体の領域で

生じている点である。そのため，トラウマ体験からの回復支援において最も重要な視点は，この受動的体験から自らが主体的に動こうとする能動的体験，すなわち，当人の主体性を支え，自身が自己コントロール感を実感できるようにすることにある。先の図で言えば，生きようと意志する「いのち」と意思する「わたし意識」との間の心と身体がコントロール不能になっている状態にあると考えれば理解しやすいだろう。

4　学校危機の発生とその対応

（1）場のケア

　危機によって日常性を奪われた学校現場での対応は，集団の正常な機能を回復あるいは維持させるための「場のケア」と，個人の心のケアをするための「個のケア」の2つの視点が必要となる（藤森，2010）。ただし，危機対応の最初期には，「場のケア」に力点を置く。現場が混乱している最中に個別対応に力を向けても，学校や学級が日常性を取り戻していなければ，個の回復は望めないからである（瀧野，2012）。

　学校における危機状況は，発生した事案によってその重篤度が異なる。事態が大きくなれば，学校組織だけでは対応が困難なことも生じ，殺人事件などの場合は，外部からの緊急支援チームの支援を要請することもある。緊急支援チームとは，地域によって構成員は異なるが，例えば，精神科医，看護師，精神保健福祉士，公認心理師，臨床心理士などで編成された外部のチームであり，学校組織を支えるために派遣される（藤森，2010）。支援チームの第一の目的は，子どもを守るために，学校機能を回復あるいは維持することを支援し，日常を取り戻すための「場のケア」をすることにある。

　例えば，事件・事故によって児童生徒が死亡した場合，状況把握（被害状況の確認・被害者数・被害の程度など），遺族への対応（遺族の意向の確認・葬儀への対応など），保護者への対応（説明会の開催・現状と今後の見通しや児童生徒の心のケアに関する情報などを伝える），報道やインターネット情報への対応（問合せへの

対応・記者会見の開催・風評や憶測のチェックなど），児童生徒への集団対応（現状と今後の見通しの説明・児童生徒の心のケア体制構築など）などが挙げられる（全国精神保健福祉センター長会，2016b）。

　受け入れ側の学校は，チーム学校として，支援チームや支援者と協働することが求められるが，支援チームは組織の主体性を支えることに徹し，学校の主導権を奪うことはしない。最終的には学校が自ら判断し，決定し，自らの責任で危機対応を実行することが求められる。これは個人のトラウマ体験への対応と同様に，組織体として危機的状況の中でも自己コントロール感を実感しながら対応できることが，学校機能の回復を進める上で鍵となるからである。

（2）個のケア

　「場のケア」を行いながらも，児童生徒への「個のケア」のための準備も進める。児童生徒には，心理状態や発達段階に応じて，危機時に生じやすい心の状態やその対応の仕方などの説明を行い，自分の状態について不安に思っている場合は申し出てよいことを伝えておく。これを心理教育といい，自分の心に起きていることや今後の見通しを知り，他者を頼ってもよいことを意識してもらうことで，安心感を得ることを目的としている。また，いつでも個別でのカウンセリング対応ができる準備をしておく。

　心理教育では，危機時のこころの状態についての説明と併せて，危機で張り詰めて緊張しすぎた身体と心を緩めるために，簡便なリラクゼーション法を実施することが多い（山中・冨永，2000）。リラクゼーション法では漸進的筋弛緩法（自ら体の各部位に力を入れて力を抜く），呼吸法（数を数えながら深呼吸を丁寧に行っていく），臨床動作法（体が緊張していることに気付き，自ら緩めるようにする）などが行われる。

　このようなリラクゼーション法に共通していることは，自らが主体的に自分の身体に注意を向ける課題を行うことにある。自らの意思とは関係なく生じた危機に遭遇し，トラウマ体験を被った心身は，無意識的に自己の身を守るために過剰な緊張をし，自己コントロールが困難な状態に陥る。そして，この緊張

図16-2　リラクゼーション法（臨床動作法）の実施例

（支援事例）A県B町が大雨による水害に遭い，C小学校区の半数が床上浸水の被害にあった。B町教育委員会より心のケアの要請を受け，C小学校の2年生と4年生を対象に，心理教育としてリラクゼーション法（臨床動作法）を行った。実施後，担任の先生より，「授業中の挙手が増えて，困るほどでした」との報告を受けた。また，休み時間に児童より，元気な声で，「肩が楽になりました」との感想もあった。緊張していた心身が適度に緩み，授業への参加の積極性を促したものと思われる。

（実施方法）
　二人一組になり，一人が実施者（椅子に座る），一人が補助者（後ろに立つ）となる。
(1)自己感覚の確認：
①肩：補助者は，手のひらを実施者の肩の上に置く。ゆっくりと力を下に加えていく。10秒数えて手をゆっくりと離す。
②二の腕：補助者は，手のひらで実施者の二の腕を挟む。ゆっくりと力を内側に加えていく。10秒数えて手をゆっくりと離す。
③肩甲骨：補助者は，しゃがんで手のひらを実施者の肩甲骨の上に置く。ゆっくりと力を加えて押していく。10秒数えて手をゆっくりと離す。
④まとめ：3つの部位の中で最も「気持ちが楽になった」，「気持ちがよかった」などを感じた部位を確認し，その部位に再度行う。

(2)リラックス感の体感：
①肩上げ：補助者は実施者の肩口に人差し指を置く。合図で実施者は肩を上に上げる。この際，指が置かれている部分を上げるように意識する。補助者は「肩が上がるよ」と数回声掛けをする。肩が上がりきったら，そこから脱力して肩を落とす。これを3回行う。
②おまかせ肩上げ：①の肩上げと同様に肩を上げる。補助者は肩から指をはずし，実施者の二の腕をしっかりと支える。その際，中腰になると支えやすい。実施者は，肩と腕の力をすっかり抜いて，補助者に「おまかせ」する。その後，補助者は実施者に手を離すことを伝え，「せーの」の合図で支えている手を離す。その際，ストンと肩と腕が下に落ちれば，リラックスを上手に行えていたことになる。

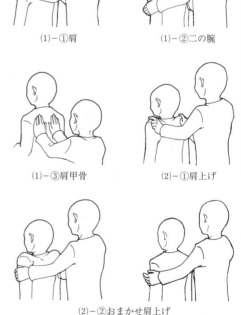

(1)-①肩　　　　　(1)-②二の腕

(1)-③肩甲骨　　　　(2)-①肩上げ

(2)-②おまかせ肩上げ

（出所）　山中・冨永（2000）。

がさらなる心身の不調を生じさせてしまう。そのため，自らの心身を主体的に動かし，能動的にリラックス法を行うことは，単に心身の緊張を緩めるだけでなく，自己コントロール感を取り戻すという意味がある。とくに，臨床動作法は，リラクゼーション法を通じて自らが緩めているという能動的体験自体に注目し，結果としてリラックスすることを重視する。身体の緊張が少しでもほぐれると，気持ちが穏やかになり，笑顔が溢れ，場の雰囲気が明るくなる。そして，何よりも活き活きとした感覚を実感することができる。そのため，筆者が心理教育を担当する時には，臨床動作法を実施することが多い。筆者の実施事例と方法の一例を紹介しておく（図16-2参照）。

　この観点から，心のケアのために「しなければならない」技法があるわけではなく，折り紙をする，手紙を書く，絵を描く，作文を書く，といった学校での取り組み活動も，自己にとって主体的な体験であれば，心のケアとしての効果をもちうる。ただし，緊急時には事件や事故に関する内容には触れないことが重要であり，本人にとって「させられた活動」にならないことが原則である。

5　安全と安心の回復と未来のために

　緊急事態が落ち着き始めた後は，中長期的な視点に立って，学校現場の安全と安心の回復に力点を移し，再発防止のための対策を立てることになる。時間の経過と共に，多くの場合，トラウマ体験による影響は緩和あるいは潜在化されるようになる。しかし，その一方で，トラウマ体験の重篤度の高い場合や複数回のトラウマ体験を被った場合は，トラウマの症状が強く生じ続ける場合もある。被災した児童生徒に継続的な心理教育や防災教育を行うことによって，その影響の度合いを減ずる可能性も報告されている（田中，2020）。そのため，これらの活動を継続することや教職員が児童生徒に実施できる簡便なリラクゼーション法を学んでおくことを推奨したい。

　トラウマの症状は重篤であり，専門家でないと対応できないという印象をもちやすいが，近年，トラウマ体験を被っている児童生徒が少なくないこと，ま

た，その影響が長期に渡って及ぶことが認識されるようになり，学校現場においてもトラウマインフォームドケア（トラウマを念頭においたケア）の考えを導入することが提唱されている（中村・瀧野，2015）。その中心となる概念は，①「トラウマへの気づき（児童生徒がトラウマ体験やその影響を受けている可能性を考慮する）」，②「安全性の重視（安全・安心ができる環境と人間関係を重視する）」，③「コントロール感の回復（本人の意思決定を重視する）」，④「ストレングスに基づくアプローチ（困難な状況を生き延びてきた人として尊重し，回復することを支える）」である。ストレングスとは，能力不足や欠点があると捉えず，本人が今持っている力を強みと捉え，本人の意思決定のもとで，その力を伸ばし，対処法を学んでいくことを指す。

　トラウマインフォームドケアの考えは，学校現場での危機対応やこころのケアに有用な視点を提供してくれる。すなわち，学校全体がトラウマ体験をしていること，学校という場が安全・安心であることを保障し，学校組織と児童生徒が自己コントロール感を回復することを支え，そして，学校のもつ力が発揮できるように知恵をだし，協力しながら未来に備えることである。トラウマを意識した教育の目的は，すべての児童生徒と教職員が「将来にわたって辛い思いをしないためのものであること」を念頭に置いて危機に対応してほしい。

6　いのちと教育

　トラウマインフォームドケアの考えは，心のケアを中心とした概念ではあるが，トラウマが「恐怖と戦慄」によって生じた自分の意思ではコントロール不能な心の状態に陥ることであると考えれば，トラウマ体験とは，「いのち」の危機を体験することに他ならない。

　また，危機やトラウマ体験という非日常的な事態だけでなく，「いのちへの心配り」という視点に立てば，わが国の教育目標である主体性を育むことの重要性が改めて意識されるだろう。そして，児童生徒が自分の興味があることに取り組むことや，目標を立ててその目標に向かって努力する力を伸ばす，ある

いは，指導するといったことは，いのちが守られていることが前提となってい
なければならないことが理解されるだろう。

　そもそも「いのち」ある私たちは，主体性をもっている生き物なのである。
その故に，私たちは，人から支配される，従属させられるといった受動的状況
におかれることを嫌う。この前提を理解せずに無理に教えようとしても，教育
的な効果が得られないのは当然である。

　そのため，教員が最も重視しなくてはならないことは，教員が主となって与
えることではない。児童生徒からすれば，与えられる教育は受動的である。主
体的であるとは，自らが行為するという能動性を意味しており，いのちある児
童生徒がより自らの力を発揮できるように環境を整えるために，「いのち」や，
心と身体に心配りをすることが教員の責務なのである。私たちは「いのちがあ
るから生きている」のであり，心のケアの実践とは，「いのちへの心配り」に
通じていることを忘れないでほしい。

引用・参考文献

アメリカ国立子どもトラウマティックストレス・ネットワーク，アメリカ国立 PTSD
　センター『サイコロジカル・ファーストエイド学校版　実施の手引き　第 2 版』兵
　庫県こころのケアセンター・大阪教育大学学校危機メンタルサポートセンター訳，
　2017年（Brymer M., Taylor M., Escudero P., Jacobs A., Kronenberg M., Marcy R.,
　Mock L., Payne L., Pynoos R., & Vogel J. (2012) *Psychological first aid for schools:
　Field operations guide, 2nd Edition*, Los Angeles: National Child Traumatic
　Stress Network.)（http://www.j-hits.org/psychological_for_schools/index.html,
　2020年 9 月15日アクセス）。
キャプラン，G.『地域精神衛生の理論と実際』山本和郎訳，医学書院，1968年（Ca-
　plan (1961) *An Approach to Community Mental Health*, Grune & Statton.)。
世界保健機関編『がんの痛みからの解放とパリアティブケア——がん患者の生命への
　よき支援のために』武田文和訳，金原出版，1993年（World Health Organization
　(1990) *Cancer pain relief and palliative care*.)。
全国精神保健福祉センター長会『学校危機支援者ガイド』2016年 a（https://www.
　zmhwc.jp/news_kokoronocare.html，2020年 9 月29日アクセス）。

———『学校の危機対応と心のケアの手引き（2016）』2016年b（https://www.zmhwc.
jp/news_kokoronocare.html，2020年9月29日アクセス）。

瀧野揚三「特別講演 学校危機への対応———附属池田小学校メンタルサポートチーム
での取組みから」『名古屋大学大学院教育発達科学研究科紀要 心理発達科学』59，
9-25頁，2012年。

田中英三郎「中長期的なこころのケア」『最新精神医学』25(1) 39-44頁，2020年。

中村有吾・瀧野揚三「トラウマインフォームドケアにおけるケアの概念と実際」『学
校危機とメンタルケア』（7）69-83頁，2015年。

藤森和美「教職員の危機対応能力をエンパワメントする学校緊急支援———「場のケ
ア」としての生徒の心のケア」『教育と医学』(58) 618-625頁，2010年。

山中寛・冨永良喜『動作とイメージによるストレスマネンジメント教育（基礎編）
———子どもの生きる力と教師の自信回復のために』北大路書房，2000年。

World Health Organization (2002) "WHO Definition of Palliative Care" (https://
www.who.int/cancer/palliative/definition/en/，2020年10月28日アクセス).

あ と が き

　弘法大師空海は，万能の天才だと言われる。高野山真言宗の創始者であり宗教者であることは勿論だが，書の天才であり，文筆家であり，語学力に優れ，中国に渡った時には完ぺきな中国語を話して人々を驚かせたという。満濃池（香川県）の大修理を自ら先導して行ったことも有名であるが，中国で最新の土木技術についても学んでいたので成功したとも言われている。

　空海は，宗教者として祈りの人であり理論家であったが，若き日には山野を駆け巡って体験的修行を重ねた体験の人，実践の人でもあった。空海の言葉や思想には体験に裏打ちされた確かさが根底にあることに注意すべきであろう。

　こうした空海が，大切に思い取り組んだことの一つが民衆教育である。留学した長安（西安）の繁栄に直接触れて，繁栄の基礎に教育があることを実感し，わが国でもそうした教育の必要性を深く心に刻んで帰国した。やがて京都東寺の傍らに民衆のための教育機関「綜芸種智院」を立ち上げ，そこで宗教教育のみならず，馬術，工芸などの実践的な学びをも含む総合的な教育を行おうとした。しかも，身分を問わず全ての人々に無料で提供し，食事まで給付したとされる。このような空海の思想や教育者としての姿については，第1章，第2章に詳しく述べられている。

　ところで，『綜芸種智院の式並びに序』には，空海が上述の教育機関を立ち上げようとした時，「他に有力大学があるのに，作る必要があるのか」とか「すぐに行き詰るからやめておく方がよい」と反対された，と書かれている。空海はそれでも綜芸種智院をあきらめなかった。民衆に教育の機会を提供することの意義を訴えて，賛同者を募ったのである。今回，高野山大学が教育学科を開設しようとした時にも，様々な意見があった。しかも空海は，建物は藤原三守卿に提供してもらったが，資金はないので寄付してほしいとも書いている。

教育学科開設も同じく，千代田学園の援助でキャンパスをお借りして立ち上げることができた。なんと不思議なめぐりあわせかと思う。

　綜芸種智院は，空海の死後，ほどなく終わったようだが，1200年という長い伏流の末に，高野街道のかつての宿場町であった河内長野に，その水は湧き出てきた。空海の想いがここに再現したとすれば，これほど嬉しいことはない。教育学科設置の背景には，このような歴史と，それを自覚した志が込められている。

　空海は，教育機関を作るにあたって，処・法・師・資の4つが大切であると述べている。処は場所であり，今日のキャンパスを示す。法は学問原理であり，学びの内容，すなわちカリキュラムであり，師は文字通り教師，資は資金である。よって，キャンパス，カリキュラム，教師，運営資金がそろう必要を述べているが，同時に「もし処あり，法があったとしても，師を欠いたならば理解は得られない。ゆえに最初に師を招請する」と述べて，教員の重要性に触れている。

　新しい教育学科においても，空海にしたがって順に述べれば，キャンパスは，河内長野の緑豊かな丘の上に建つ美しいキャンパスである。大阪市内には1時間弱で，高野山には1時間半ほどでいくことができる位置にある。カリキュラムの設計は筆者が行ったが，序章で述べたように，体験学習を軸にした新しいカリキュラムを用意できた。したがって，これらを担う優れた教師を手を尽くして探し，教育学科の教員養成の考え方を理解し志を共にできる人を見つけることに時間をかけた。

　本書は，このようにして教育学科に集まった先生方の研究や教育活動について，紹介することを目的として編纂したものである。先生方には，数か月という短い間に執筆を完成するようにご無理をお願いしたが，忙しい中にもかかわらず，すべての方がそれに応えていただいた。

　教育は面白く興味深いものだ，こんな先生に学んでみたい，等々と読者に感じてもらいたいと期待しているが，少なくとも，私たちの教員養成にかける思いや志については理解していただけるのではないだろうか。

　なお，本書の出版にあたっては，高野山真言宗および添田隆昭宗務総長の大きなご支援があったことを記し，深く感謝申し上げます。

　さいごに，本書の出版を引き受けていただいたミネルヴァ書房と企画担当神谷透氏，また丁寧な編集作業をしていただいた出版企画部に心より感謝いたします。

新型コロナ禍の最中に

編著者　岡本　正志

索　引

（＊は人名）

227

執筆者紹介

（＊は編著者，執筆順）

添田隆昭（そえだ・りゅうしょう）：はしがき
　高野山真言宗宗務総長，高野山学園理事長，高野山大学学長

＊岡本正志（おかもと・まさし）：序章
　編著者紹介欄参照

乾　龍仁（いぬい・りゅうにん）：第1章
　高野山学園顧問，前高野山大学学長

山田正行（やまだ・まさゆき）：第2章
　高野山大学特任教授，大阪教育大学名誉教授

今西幸蔵（いまにし・こうぞう）：第3章
　高野山大学特任教授

木村泰子（きむら・やすこ）：第4章
　高野山大学客員教授

奥田修一郎（おくだ・しゅういちろう）：第5章
　高野山大学准教授

松本歩子（まつもと・あゆこ）：第6章
　高野山大学准教授

帯野久美子（おびの・くみこ）：第7章
　高野山大学特任教授，(株)インターアクトジャパン社長

溝渕　淳（みぞぶち・じゅん）：第8章
　高野山大学准教授

笠　潤平（りゅう・じゅんぺい）：第9章
　香川大学教授，高野山大学非常勤講師

栁原高文（やなぎはら・たかふみ）：第10章
　高野山大学特任准教授

村尾　聡（むらお・さとし）：第11章
　高野山大学准教授

青木宏樹（あおき・ひろき）：第12章
　福井工業高等専門学校准教授

伊藤佳世子（いとう・かよこ）：第13章
　高野山大学教授

植田恵理子（うえた・えりこ）：第14章
　高野山大学准教授

上野和久（うえの・かずひさ）：第15章
　高野山大学教授

森崎雅好（もりさき・まさよし）：第16章
　高野山大学准教授

《編著者紹介》

岡本正志（おかもと・まさし）

　　　　京都教育大学理事・副学長，大阪成蹊短期大学学長を経て，
現　在　高野山大学特任教授，教育学科長，京都教育大学名誉教授。
主　著　『科学技術の歩み』（編著）建帛社，2000年。
　　　　『もったいない生活大事典』全7巻（監修）学習研究社，2007年。
　　　　『持続可能な社会のためのエネルギー環境教育』（共著）科学技術と経済の会監修，国土
　　　　社，2008年。
　　　　「電磁気学確立期におけるマクスウェリアンの役割」『物性研究』73(3)，1999年。
　　　　「ジュールによる熱の仕事当量の測定実験」『熱測定』29(5)，2002年。
　　　　「科学的知識の確立における実験の意義」『物理教育』57(4)，2009年。

今こそ教育！
──地域と協働する教員養成──

2021年4月10日　初版第1刷発行　　　　　　　　　　　　　　〈検印省略〉

定価はカバーに
表示しています

編　著　者　　岡　本　正　志
発　行　者　　杉　田　啓　三
印　刷　者　　中　村　勝　弘

発行所　株式会社　ミネルヴァ書房
607-8494　京都市山科区日ノ岡堤谷町1
電話代表　(075)581-5191
振替口座　01020-0-8076

© 岡本正志，2021　　　　　　　　　中村印刷・藤沢製本

ISBN978-4-623-09147-8
Printed in Japan

新版 よくわかる教育学原論　　　　　　　　　　B 5 版　272頁
安彦忠彦・藤井千春・田中博之 編著　　　　　　本　体　2800円

よくわかる教育原理　　　　　　　　　　　　　B 5 版　326頁
汐見稔幸・伊東 毅・高田文子・東 宏行・増田修治 編著　本　体　2800円

よくわかる教育課程［第 2 版］　　　　　　　　B 5 版　242頁
田中耕治 編著　　　　　　　　　　　　　　　本　体　2600円

よくわかる教育評価［第 3 版］　　　　　　　　B 5 版　272頁
田中耕治 編著　　　　　　　　　　　　　　　本　体　2600円

よくわかる教育相談　　　　　　　　　　　　　B 5 版　218頁
春日井敏行・伊藤美奈子 編著　　　　　　　　　本　体　2400円

よくわかるインクルーシブ教育　　　　　　　　B 5 版　232頁
湯浅恭正・新井英靖・吉田茂孝 編著　　　　　　本　体　2500円

よくわかる発達障害［第 2 版］　　　　　　　　B 5 版　184頁
LD・ADHD・高機能自閉症・アスペルガー症候群　本　体　2200円
小野次朗・上野一彦・藤田継道 編著

よくわかる生涯学習［改訂版］　　　　　　　　B 5 版　228頁
香川正弘・鈴木眞理・永井健夫 編著　　　　　　本　体　2500円

────── ミネルヴァ書房 ──────

https://www.minervashobo.co.jp/